हरिया हरक्यूलीज़ की हैरानी

मनोहर श्याम जोशी

राजकमल पेपरबैक्स

राजकमल पेपरबैक्स में
पहला संस्करण : 1999
चौथा संस्करण : 2024

राजकमल पेपरबैक्स : उत्कृष्ट साहित्य के जनसुलभ संस्करण

राजकमल प्रकाशन प्रा. लि.
1-बी, नेताजी सुभाष मार्ग, दरियागंज
नई दिल्ली-110 002
द्वारा प्रकाशित

शाखाएँ : अशोक राजपथ, साइंस कॉलेज के सामने, पटना-800 006
पहली मंजिल, दरबारी बिल्डिंग, महात्मा गांधी मार्ग, प्रयागराज-211 001
1, अनमोल सोराबजी संतुक लेन, धोबी तलाव, मरीन लाइंस, मुम्बई-400 002
वेबसाइट : www.rajkamalprakashan.com
ई-मेल : info@rajkamalprakashan.com

बी.के. ऑफसेट
नवीन शाहदर, दिल्ली-110 032
द्वारा मुद्रित

मूल्य : ₹ 199

आवरण-संयोजन : जगमोहन सिंह रावत

HARIYA HARQUELIZE KI HAIRANI
Novel by Manohar Shyam Joshi

ISBN : 978-81-267-0483-5

मनोहर श्याम जोशी

जन्म : 9 अगस्त, 1933 को अजमेर में।

लखनऊ विश्वविद्यालय के विज्ञान स्नातक मनोहर श्याम जोशी 'कल के वैज्ञानिक' की उपाधि पाने के बावजूद रोजी-रोटी की खातिर छात्र जीवन से ही लेखक और पत्रकार बन गए। अमृतलाल नागर और अज्ञेयइन दो आचार्यों का आशीर्वाद उन्हें प्राप्त हुआ। स्कूल मास्टरी, क्लर्की और बेरोजगारी के अनुभव बटोरने के बाद 21 वर्ष की उम्र से वह पूरी तरह मसिजीवी बन गए।

प्रेस, रेडियो, टी.वी. वृत्तचित्र, फिल्म, विज्ञापन-सम्प्रेषण का ऐसा कोई माध्यम नहीं जिसके लिए उन्होंने सफलतापूर्वक लेखन-कार्य न किया हो। खेल-कूद से लेकर दर्शनशास्त्र तक ऐसा कोई विषय नहीं जिस पर उन्होंने कलम न उठाई हो। आलसीपन और आत्मसंशय उन्हें रचनाएँ पूरी कर डालने और छपवाने से हमेशा रोकता रहा है। पहली कहानी तब छपी जब वह अठारह वर्ष के थे लेकिन पहली बड़ी साहित्यिक कृति तब प्रकाशित करवाई जब सैंतालीस वर्ष के होने को आए।

केन्द्रीय सूचना सेवा और टाइम्स ऑफ इंडिया समूह से होते हुए सन् '67 में हिन्दुस्तान टाइम्स प्रकाशन में *साप्ताहिक हिन्दुस्तान* के संपादक बने और वहीं एक अंग्रेजी साप्ताहिक का भी संपादन किया। टेलीविजन धारावाहिक 'हम लोग' लिखने के लिए सन् '84 में संपादक की कुर्सी छोड़ दी और तब से आजीवन स्वतंत्र लेखन करते रहे।

प्रकाशित कृतियाँ : *कुरु-कुरु स्वाहा, कसप, हरिया हरक्यूलीज की हैरानी, हमज़ाद, क्याप, ट-टा प्रोफेसर* (उपन्यास); *नेताजी कहिन* (व्यंग्य); *बातों-बातों में* (साक्षात्कार); *एक दुर्लभ व्यक्तित्व, कैसे किस्सागो, मन्दिर घाट की पैड़ियाँ* (कहानी-संग्रह); *आज का समाज* (निबंध); *पटकथा लेखन : एक परिचय* (सिनेमा)। ***टेलीविजन धारावाहिक :*** *हम लोग, बुनियाद, मुंगेरीलाल के हसीन सपने, कक्काजी कहिन, हमराही, जमीन-आसमान।* ***फिल्म :*** *भ्रष्टाचार, अप्पू राजा* और *जमीन।*

सम्मान : उपन्यास *क्याप* के लिए वर्ष 2005 के साहित्य अकादमी पुरस्कार सहित शलाका सम्मान (1986-87); शिखर सम्मान (अट्टहास, 1990); चकल्लस पुरस्कार (1992); व्यंग्यश्री सम्मान (2000) आदि अनेक सम्मान प्राप्त।

निधन : 30 मार्च, 2006

यह पेपरबैक संस्करण
मूल पुस्तक की,
बिना किसी काट-छाँट के,
अविकल प्रस्तुति है

हरिया हरक्यूलीज़ की हैरानी

हरिहर दत्त तिवारी उर्फ हरिया हरक्यूलीज ईसाई संवत् 1969 के (हमारा अपना विक्रमी संवत् क्या चल रहा है, यह याद रखना हमारी बिरादरी तब भी भूलने लगी थी) उस कथाख्यात दिन से पहले कभी हैरान नहीं हुआ था, इसलिए उसकी हैरानी हमारी बिरादरी के लिए क्रमशः एक लम्बी और पेचदार कहानी बनती चली गयी।

तब तक टेलीविजन का घर-घर चलन नहीं हुआ था। हमारी बिरादरी में सान्ध्य-वन्दन में सुरश्रेष्ठ का विसर्जन करके पारलौकिक व्यापारों से छुट्टी पाकर और उसके बाद रात का भोजन करके इहलौकिक व्यापारों से भी मुक्त होकर, कथा-कहानी सुन-सुनाकर अद्‌भुत रस का उचित मात्रा में आस्वादन करने-कराने का रिवाज अभी चल ही रहा था। ऐसा माना जाता था कि उचित मात्रा में अद्‌भुत का आस्वादन करने से स्वप्न-प्रसूता सुख-निद्रा की प्राप्ति होती है। अद्‌भुत का बहुत ज्यादा आस्वादन निषिद्ध था, क्योंकि समझा जाता था कि उससे व्यक्ति को, उसके पूर्व संस्कारों के अनुसार, या तो अद्‌भुत के प्रति वितृष्णा हो जाती है और वह अत्यन्त साधारण यथार्थ की ओर उसी तरह दौड़ता है, जिस तरह धनाढ्य व्यक्ति गरिष्ठ आहार से अजीर्ण का शिकार होकर निर्धन की रूखी-सूखी रोटी की ओर लपकता है, या फिर वह यथार्थ से ऊपर उठकर अद्‌भुत में ही लीन हो जाता है और इसलिए, हरिया हरक्यूलीज़ की तरह, स्वयं उन स्वप्न-गन्धा कथाओं का पात्र बनता है, जिनका बाद में हमारी बिरादरी सुख-निद्रा की साधना में उपयोग करती है।

हरिया की हैरानी की शुरुआत की तारीख हमारी बिरादरी को ठीक-ठीक याद नहीं है, तिथि अलबत्ता याद है। तब तक भी हमारे लिए विश्वसनीय सूर्य की तारीखें बेमतलब थीं। हम अपने समस्त निजी कार्यों में चंचलमना चन्द्र की तिथियों का ही उपयोग करते थे। इसलिए हरिया

हरक्यूलीज की हैरानी की कहानी शुरू करते हम आज भी यह कहते हैं कि यह सन् उनहत्तरी की जन्यो-पुण्यु[1] के बाद की द्वितीया की बात है कि हरिया हरक्यूलीज जिन्दगी में पहली बार हैरान हुआ और सो भी गू-[2]जैसी, अब और क्या कह सकते हो, गू चीज के मारे।

ऐसा नहीं कि हरिया के पास इससे पहले हैरान-परेशान होने का कभी कोई कारण न रहा हो। बल्कि सच तो यह है कि उस अधेड़, अकालवृद्ध, गंजे और गमखोर चिरकुँवारे हरिया के लिए हैरान होने के एक नहीं, हजारों कारण रहे थे। अपने पिता के पाँच पुत्रों में से केवल वही जीवित बचा था और उस पर अपने बड़े भाइयों के बाल-बच्चों की परवरिश की ही नहीं, अपने तिरासी वर्षीय रुग्ण और अन्धे पिता की तीमारदारी का भी पूरा भार पड़ा था। फिर भी उसे कभी हैरान-परेशान होता नहीं देखा गया। उसके परेशान न होने को कुछ लोग उसके परम मूढ़ होने का लक्षण मानते रहे थे। अगर हरिया का उपनाम 'हरक्यूलीज' न चल चुका होता तो लोग-बाग उसे हरिया 'मदुआ' यानी हरिया बुद्धू के नाम से मशहूर कर देते। उसके पिता राय साहब गिरवाण दत्त तिवारी तो उसे अक्सर 'मदुआ' ही पुकारा करते थे।

यों तो गिरवाण दत्त जी को अपने पाँचों ही बेटे, जिन्हें उनकी पत्नी 'हमारे पाँच पांडव' कहा करती थीं, स्वयं के मुकाबले में कमतर ही लगे—आखिर उनमें से कोई भी उनकी तरह से जंगलात महकमे में कैम्प क्लर्क की हैसियत से नौकरी शुरू करके किसी रियासत का दीवान बन जाने-जैसा कोई करिश्मा नहीं दिखा पाया—लेकिन सबसे बाद में पैदा हुआ, पढ़ने में सबसे फिसड्डी हरिया, उनकी दृष्टि में विशेष रूप से निराशाजनक ठहरा।

दिखने-सुनने में वह अपनी नाटी, साँवली और किंचित् चपटी नाक वाली नानी पर गया था। उसे न माँ की बड़ी-बड़ी काली आँखें और नुकीली ठोड़ी नसीब हुई थी और न पिता की गोरी-चिकनी चमड़ी, लम्बी-तीखी नाक, गड्ढेदार गाल और पतले-पतले ओंठों से युक्त वह खूबसूरती, जिसके कारण जवानी में वह गिरुआ 'गौहरजान' कहलाये और एक देसी रियासत में कैम्प क्लर्क बनाकर ले जाने वाले अंग्रेज वन अधिकारी से लेकर उस रियासत की

---

1. जनेऊ पूर्णिमा यानी रक्षाबन्धन, 2. टट्टी

महारानी तक कई बुजुर्ग स्त्री-पुरुषों के विशेष स्नेह-भाजन बन सके।

पढ़ने-लिखने में भी हरिया मामूली साबित हुआ। मैट्रिक तीन कोशिशों में पास कर सका। और सो भी हिन्दी-रत्न के जरिये। टाइप के इम्तहान में भी अंग्रेजी कमजोर होने की वजह से रह गया। गिरवाण दत्त जी ने किसी तरह कह-सुनकर उसे दफ्तरी लगवाया। प्राइवेट इण्टर-बी० ए० कुछ कर लेता तो असिस्टेण्ट तो बनवा ही देते। मुश्किल से एल० डी० सी० करा पाये उसे।

गिरवाण दत्त जी अक्सर गुस्से में आकर हरिया से कहते कि अगर भगवान को बुढ़ापे में मेरी सेवा के लिए पाँच में से एक ही बेटा बचाना था तो उसने तुझे ही क्यों चुना रे मदुआ? सबसे बड़ा कृपाल इम्पीरियल बैंक में खजांची लगा था, दूसरा गिरीश फॉरेस्ट सर्विस में आ गया था, तीसरा शिरीष रेलवे में इंजीनियर हो गया था और चौथा गिरिजा, जो अपने बाप का 'अस्सल बेटा था', आई० ए० एस० में चुन लिया गया था। क्यों जो उन चारों को अपनी पैंतीसवीं होली-दीवाली देखना भी नसीब नहीं हुआ और क्यों तू बचपन में बीस तरह की बीमारियाँ होने के बावजूद जिन्दा रहा?

परमात्मा के इस परम अन्याय पर राय सैप[1] की हैरानी में सारी बिरादरी भागीदारी करती, लेकिन हरिया पर उसका कोई असर न होता।

यों कभी-कभी गिरवाण दत्त जी को यह लगता, और वह इसे केवल हरिया के सामने ही नहीं, लोगों के बीच भी स्वीकार करते, कि शायद इस परम मूढ़ को परमेश्वर ने जीवित ही इसलिए रखा कि यह परम मूढ़ है। इसे बीमारों का गू-मूत उठाने और कफ-भरा थूकदान साफ करने में घिन नहीं आती। इसे न मुर्दे को फूँकते हुए भय होता है, न उसके बाद श्मशान-वैराग्य। सिरजनहार को पता था कि इसके पैदा होने के बाद गिरवाण दत्त के कुनबे को क्षय लग जायेगा। एक-एक करके उसके चार बेटे, चार बहुएँ, दो बेटियाँ, तीन दामाद, आठ पोते, सात पोतियाँ और दस नाती-नातिनी राजरोग की भेंट चढ़ेंगे। यही नहीं, स्वयं गिरवाण दत्त को 60वें वर्ष में लकवा मार जायेगा, वह खाट पकड़ लेगा मगर जीवन फिर भी उसे पूरी बेरहमी और

1. राय साहब

बेशरमी से पकड़े रहेगा। कुगत होनी थी बुढ़ापे में, कुकुर-योनि में जीना था रे, इसीलिए तुझ गधे को जिन्दा रखा मेरी सेवा के लिए, ऐसा कहते राय सैप और सारा समाज हामी में सिर हिलाता। लेकिन परमात्मा के इस परम विचित्र न्याय पर पिता की हैरानी, हरिया के मन-मस्तिष्क में कोई अनुगूँज पैदा न कर पाती।

गिरवाण दत्त जी, जिन्हें मेहरबान अंग्रेज साहब ने 'गैरी' उपनाम दे छोड़ा था, जो रहते भी पूरे साहबी ठाट-बाट से आये थे, जिनके सूट-बूट, जिनके घोड़े, जिनकी कार, जिनके इलायची खाने वाले कुत्ते समाज में ईर्ष्यालु चर्चा के विषय रहे थे, अपने जीवन के पिछले तेईस वर्ष वस्तुतः घिसटते हुए बिताते आ रहे थे। खाना-पीना, हगना-मूतना, सब कुछ उन्हें हरिया के संहारे ही करना पड़ता था। उन्हें कभी-कभी अफसोस होता कि इस लाचारी की वजह से ही वह हरिया की तरक्की के लिए अपने बचे-खुचे शक्तिशाली परिचित लोगों के दरवाजे खुद न खटखटा सके। उन्होंने सदा हरिया को यह स्मरण कराया कि आज भी कुमाऊँनी समाज के बड़े लोगों में और नयी दिल्ली के सरकारी हलकों में मेरे नाम की कुछ वकत है। वह कहते—"जरा सोशल बन भाऊ[1]। मेरा नाम लेकर बड़े लोगों से मिलेगा-जुलेगा तो तेरी तरक्की के रास्ते खुलेंगे।"

तरक्की के इन रास्तों की खोज के लिए गिरवाण दत्त जी ने हरिया को अपनी हरक्यूलीज साइकिल भेंट की थी। इस साइकिल के साथ-साथ उसे पिता की घुड़सवारी वाली बिरजिस और पोलो टोपी भी मिली थी। घुड़सवारी वाली पोशाक में साइकिल-सवार होकर जब वह पहली बार निकला था तब उसके जीजा नरेन्द्र कृष्ण पन्त ने पूछा था, "यार, पोशाक से तू तो पूरा घुड़सवार बना हुआ है, तेरे इस घोड़े का नाम क्या है रे?" हरिया ने साइकिल का नाम बताया और उस दिन से वह समाज में हरिया हरक्यूलीज के नाम से मशहूर हुआ। हालाँकि उसकी सींकिया काया का यूनान के उस महाबली हरक्यूलीज से दूर-दूर का भी नाता न था, जिसे प्रायश्चित्तस्वरूप तमाम कठिन परीक्षाएँ देनी पड़ी थीं।

---

1. छोटा लड़का

सोशल होने के लिए की गयी साइकिल-सवारी से हरिया के लिए तरक्की के रास्ते तो नहीं खुले, लेकिन उसे हर छुट्टी के दिन मिलने-जुलने के लिए जाने का सिलसिला जारी रखना पड़ा, क्योंकि गिरवाण दत्त जी अपने परिचितों और सम्बन्धियों की कुशल जानने के लिए तरसते थे और उन परिचितों-सम्बन्धियों ने स्वयं उनकी कुशल पूछने के लिए आना धीरे-धीरे लगभग छोड़ ही दिया था। मूलतः इसलिए कि गिरवाण दत्त जी अपने मरने को बहुत ही लम्बा खींचते चले गये थे। उनके समवयस्क इष्ट-मित्रों में से ज्यादातर इस बीच गुजर चुके थे और जो जिन्दा थे, वे दिल्ली छोड़ चुके थे, या स्वयं भी गिरवाण दत्त जी जितने ही असहाय और अशक्त हो चले थे। परिचितों के बच्चे अगर कभी भूले से गिरवाण दत्त जी के घर अब आते भी थे तो किसी बीमार की तीमारदारी या किसी मृतक के दाह-संस्कार के लिए हरिया की सेवाएँ प्राप्त करने की खातिर ही।

हरिया हमारे समाज में इन दो चीजों के विशेषज्ञ के रूप में प्रतिष्ठित हो चला था। वह बिना घिनाये, बिना अघाये, बिना घबराये, मरते हुए रोगी की शुश्रूषा कर सकता था और मरने के बाद बहुत कायदे से, हिसाब से, उसे फूँक और फुँकवा सकता था। अक्सर लोग-बाग टिप्पणी करते थे कि हरिया पिछले जन्म में डोम रहा होगा। निगम बोध घाट के महाब्राह्मण, कुमाऊँनी परम्परा के अनुसार नदी की धार से सटाकर चिता सजवाते हुए हरिया को श्रद्धानत होकर देखते थे।

जब तक पिता के समवयस्क जिन्दा थे, तब तक उनके घरों में जाने पर यह आशा की जा सकती थी कि पिता के बारे में कुछ पूछा जायेगा और समवयस्क के बारे में ऐसा कुछ बताया भी जायेगा, जो घर लौटकर पिता को सुनाया जा सके। अब ऐसी कोई सम्भावना न थी, फिर भी हरिया हरक्यूलीज पिता को प्रसन्न रखने के लिए सोशल होने का फर्ज निभाये चला जा रहा था। वह खुद ही बगैर किसी के पूछे पिता का हाल सुना देता और मेजबान चाहे कुछ भी न बतायें, उनसे उनका हाल-समाचार भी पूछ लेता कि पिता को सुनाया जा सके।

खाट पकड़े हुए राय साहब गिरवाण दत्त, जो इस बीच काला मोतिया की वजह से नजर भी खो चुके थे और कान भी कम सुनने लगे थे, अपने

परिचितों के अपरिचित बेटों-पोतों की खबरें सुनते और कौन-कौन है, यह ठीक से समझ न पाने के कारण, बेटे पर बार-बार खीझते रहते। यही नहीं, सारे समाचार खत्म हो जाने के बाद करवट बदलते हुए विरक्ति-भाव से कह देते, "मुझे क्या करना है ऐसे लोगों के बारे में सुनकर, जो आप तो कभी मेरा हाल पूछने तक नहीं आते ?" बहरहाल हरिया हरक्यूलीज इस विरक्ति को पिता के परिचित परिवारों से मिलने जाने की जिम्मेदारी से मुक्ति का संकेत मानने की भूल कभी नहीं कर पाया। किसी छुट्टी के दिन अगर वह सवेरे पिता को नाश्ता कराने के बाद साइकिल लेकर निकल नहीं पड़ता, तो पिता उसे घरघुस्सू बनने और समाज से अपने को और अपने परिवार को काट लेने का दोषी ठहराने लगते। पिता के इस दुचित्तेपन पर भी हरिया कभी हैरान नहीं हुआ।

वह नियम से हर छुट्टी के दिन पिता के परिचितों से सम्पर्क करने के अभियान पर निकलता रहा, हालाँकि दिल्ली में बढ़ती जाती दूरियों की वजह से यह काम अधिकाधिक थकाने वाला होता जा रहा था। सोशल विजिट का राउण्ड हद से हद तीन घण्टे में पूरा करके लौटने की विवशता भी थी क्योंकि राय सैप को और किसी की सेवा-टहल उपयुक्त नहीं लगती और वह मरते बाप को छोड़कर मटरगश्ती करने गये पुत्र को कोसने लगते।

हरिया हरक्यूलीज ने छुट्टी के दिन के 'सोशल विजिट राउण्ड' का बाकायदा एक व्याकरण विकसित कर लिया था। इसके अनुसार वह किसी के भी यहाँ महीने में एक बार से ज्यादा नहीं जाता। जो लोग दूर बसे होते थे, उनके पास पहले जाता था और पास वालों के यहाँ बाद में। किसी के यहाँ चाय-पान करने के लिए तीन महीने में एक बार से ज्यादा नहीं रुकता। पहुँचते ही दुआ-सलाम के बाद वह परिवार के सभी सदस्यों के बारे में यह पूछ लेता कि उनके क्या हाल हैं ? उसके बाद वह इस बात की प्रतीक्षा करता कि मेजबान राय साहब गिरवाण दत्त का हाल पूछेगा। दो मिनट के भीतर वह

न पूछ लेता, तो हरिया स्वयं पिता का हाल सुना देता। इसके बाद वह थोड़ी देर चुप बैठा रहकर मेजबान को यह मौका देता कि चाय के लिए पूछे। चाय के लिए पूछे ज़ाने पर वह तभी हामी भरता जबकि उसके हिसाब से मेजबान के यहाँ चाय पी लेने की बारी आई हुई होती। नहीं तो वह तुरन्त एक साथ क्षमा और विदा माँगते हुए उठ खड़ा होता। उसके इस विचित्र व्याकरण पर सारा समाज हँसता और हैरान होता था, लेकिन स्वयं हरिया नहीं।

लोगों को इस बात से भी हैरानी होती कि हरिया अब तक यह नहीं समझ पाया है कि समाज उसे मनहूस समझता है और किसी को भी उसका अपने यहाँ सोशल विज़िट पर आना सुहाता नहीं है। जवान लोग दूर से ही उसे आता देखकर माथा पीट लेते कि यह शनीचर कहाँ से आ गया सबेरे-सबेरे? उन्हें उसके साथ बैठकर बहुत कोफ्त होती, क्योंकि उसकी सारी बातचीत परिचित लोगों की हारी-बीमारी और मौत के इर्द-गिर्द ही घूमती। अन्य किसी भी विषय पर वह बात नहीं कर पाता। और तो और, वह अखबार भी नहीं पढ़ता था कि उससे राजनीति की ही बात की जा सके। हाँ, वह स्वयं बिरादरी में बीमारी और मौत के चलते-फिरते अखबार का दर्जा रखता था।

जवान लोग उससे कतराते थे, इसलिए उसे घर के किसी बूढ़े या बीमार के पास ले जाकर बैठा दिया जाता। यों बीमार और बूढ़े भी जितना उसकी सेवाएँ लेकर प्रसन्न होते थे, उतना ही यह सोचकर आशंकित भी कि कहीं मुर्दा नहलाने और चिता सजाने की इसकी विशेषज्ञता को भी हमारी सेवा में लगाने की नौबत तो नहीं आने वाली है अब? कुछ लोगों का दावा था कि हरिया की तीमारदारी, बीमार को मौत के मुँह में धकेलती है। उसे बुलाया ही तब जाता था जब रोगी की हालत बहुत खराब हो चुकी होती थी। इसलिए लोग-बागं अपने इस दावे की पुष्टि करने वाले आँकड़े आसानी से प्रस्तुत कर पाते थे। मगर हाँ, कभी-कभी वे इस बात पर हैरान भी होते थे कि स्वयं गिरवाण दत्त जी हरिया की तीमारदारी के बावजूद मरे नहीं हैं, भले ही तेईस वर्ष से मरणासन्न चले आ रहे हैं।

मरणासन्न की सेवा करने वाला हरिया हमारी बिरादरी में मृतक के भी अन्यतम सेवक के रूप में विख्यात था। अक्सर तो वह बीमार के अन्तिम

साँस लेते समय तीमारदार की हैसियत से मौजूद होता ही था, लेकिन अगर वह न हो तो उसे तुरन्त बुला भेजा जाता था। अन्तिम संस्कार के काम इतने अदम्य उत्साह से करने वाला हमारी बिरादरी में अन्य कोई न था। बिरादरी में मान्यता थी कि सौ मुर्दे फूँककर मोक्ष प्राप्त हो जाता है। हरिया दो सौ तीन मुर्दे फूँककर डबल सेंचुरी मार चुका था। डबल मोक्ष का अधिकारी था। और फिर भी घाट जाने के लिए सदा तत्पर था। इससे भी सब हैरान थे।

हरिया को यह नहीं पता था कि लोग उसके बारे में क्या कहते हैं? वह सिर्फ इतना जानता था कि पिता ने उससे सोशल होने को कहा है।

ज्यादातर मेजबान हरिया के सोशल विजिट का व्याकरण जान गये थे। इसलिए अक्सर वे गिरवाण दत्त जी के स्वास्थ्य के सम्बन्ध में उसके वक्तव्य के बीच में कहीं भी मौका मिलने पर चाय के लिए पूछ लेते और इस तरह उसे अपना वक्तव्य फौरन समाप्त करके विदा लेने के लिए बाध्य करते। दूसरी ओर जो मेजबान इस व्याकरण से सर्वथा अपरिचित थे, वे कभी-कभी हरिया से चाय के लिए पूछने में जरूरत से ज्यादा देर कर बैठते। हरिया, जो मेजबान का हाल पूछने और अपने पिता का हाल सुनाने के सिवा और कोई बातचीत करना जानता ही न था, चुपचाप बैठा रह जाता। किसी घर में चाय के लिए पूछा ही नहीं जायेगा, यह उसके लिए कल्पनातीत था। फिर भी अपने व्याकरण में उसने यह गुंजाइश छोड़ी थी कि अगर घर में कदम रखने के पन्द्रह मिनट बाद भी चाय के लिए न पूछा जाये तो यह मानकर कि घर में दूध या पत्ती नहीं है, विदा ली जा सकती है।

•

हरिया की उस हैरानी का बीज, जिसकी कहानी हम सुनते-सुनाते रहे हैं, ऐसे ही एक छुट्टी वाले दिन पड़ा। रोज की तरह उसकी आँख पौने चार बजे अपने-आप ही इस चिन्ता में खुल गयी कि कहीं अपने अपाहिज पिता के जागते वक्त मैं सोया ही न रह जाऊँ। उठते ही उसने स्टोव पर चाय बनायी, खुद पी और पिता के लिए थर्मस में रख दी। फिर खाट पर वह पालथी

मारकर बैठ गया और पिता के जागने की प्रतीक्षा करने लगा। रोज की तरह राय सैप चार बजे का गजर बजने के कुछ देर बाद जागे और जागते ही उन्होंने हरिया को इस तरह खीझकर पुकारा, मानो वह बड़ी देर से उनकी गुहार अनसुनी करता रहा हो।

हरिया अपनी खाट से लगभग कूदता हुआ उनके पास आया और उसने उन्हें सहारा देकर बिठाया। पिता कान से कम सुनने लगे हैं, लेकिन बहुत चीखकर बोलो तो नाराज होने लगे हैं, इस बात को ध्यान में रखते हुए हरिया ने गला खँखारकर साफ किया और सही सुर साधकर अपने पिता से वार्तालाप शुरू किया, "बाबू, नींद कैसी आयी रात?"

राय सैप खीझकर बोले, "अरे मदुआ, नींद, नींद ही होती है, कैसी आयी—यह क्या पूछना हुआ? या आती है या नहीं आती माँचो[1]।"

"वही पूछ रहा था बाबू कि आयी कि नहीं?"

"मुझे अब कभी नींद आती भी है, जो पूछ रहा था! इतनी एक्टिव और हैक्टिक लाइफ लीड करता था मैं, तब जाकर कहीं ज़वानी में भी मुझे यही कोई साढ़े पाँच घण्टा नींद आती थी। अब तो दिनमान[2] खाट में ही पड़ा हुआ हूँ। कहाँ गया होगा वह टेनिस और गोल्फ का खेलना। वह घुड़सवारी करना। वह दोस्तों के साथ शाम को जंगल में घूमना। अरे, मैं तो वह भी करता था—वेट लिफ्टिंग। बुढ़ापे का बोझ नहीं उठाया जा रहा है, बुढ़ापे का बोझ।"

"पानी पीओगे?" हरिया ने पूछा।

पिता फिर खीझे, "जब रोज पीता हूँ तो पूछता क्यों है?"

हरिया ने काठ का पटला पिता के पाँव के नीचे रखा। उनके हाथ में वह ताम्रपात्र थमाया, जिसमें चौबीस घण्टे पहले पानी भरके रखा गया था। पिता ने पानी पीना शुरू किया और हरिया ने सफाई दी, "बाबू, बाज दिन तुम पानी के लिए मना भी तो कर देते हो न। चाय माँगते हो। चाय भी मैंने बना रखी है, दूँ?"

पिता ने ताम्रपात्र अलग रखकर हरिया को फिर फटकार सुनायी, "मुझे

---

1. तकियाकलाम की तरह प्रयुक्त गाली, 2. सारा दिन

चाय चाहिए होती तो माँग नहीं लेता? क्या पीऊँ मैं तुम लोगों की बनाई चाय? अरे, मैं तो सीधे बागान से मँगाई पत्ती की चाय पीने वाला ठहरा। तुम लोग पता नहीं चाय की पत्ती के नाम पर कहाँ से भूसा जैसा ले आते हो? अरे मनहूस, तेरे पैदा होने के बाद तो एक के बाद एक ऐसी बातें हुईं कि जो राय साहब गिरवाण दत्त आने-जाने वाले लोगों तक को विलायती व्हिस्की पिलाने की हैसियत रखता था, आज खुद अपने को एक कप बढ़िया चहा[1] नहीं पिलवा सकता।"

"तुमसे पूछकर तुम्हारी पसन्द की पत्ती लाया हूँ बाबू। दूँ डाल के कप में? एक घूँट पीके देखो तो!" हरिया ने चिरौरी की।

"दे दे, अमल के नाम पर तो आदमी गरम पानी भी पी जाने वाला ठहरा।" पिता ने अहसान जताया और फिर 'बाबू-बाबू' करके अपने उन पिता का कराहते हुए स्मरण किया, जिन्हें देखे की उन्हें याद नहीं थी। पिता उन्हें चार साल का बच्चा छोड़कर गुजर गये थे।

हरिया ने कप में चाय डालकर गिरवाण दत्त जी को दी। उन्होंने दो घूँट भरे और हाथ से इशारा किया कि अब नहीं।

हरिया ने कप अलग रखते हुए कहा, "बड़ी बोज्यू[2] कहती थी कि तुम्हें तो हमारी ईजा[3] के सिवा और किसी के हाथ की बनाई हुई चाय अच्छी ही नहीं लगी कभी। क्या खासियत होती थी ईजा की बनाई चाय में? बताओ तो, जरा मैं भी कोशिश करूँ वैसी बनाने की।"

"बताकर क्या होगा रे? वैसी पत्ती, वैसा दूध, वैसा पानी और क्या कहते हैं, वैसी सावधानी, कहाँ से ला सकेगा तू? अभागे, कभी पी होती तो ईजा की बनाई हुई चाय, तो तुझे मालूम होता कि उसमें क्या खासियत थी? तेरे को जन्म देने के बाद उसने खाट पकड़ी तो फिर उठी ही नहीं। वह गयी और उसके बाद सब कुछ चला गया धीरे-धीरे। बस, माँचो एक मैं ही नहीं गया। और एक तू भी अभागे, तू भी।"

हरिया ने पूछा, "अब कैसा करते हो, थोड़ा आराम करोगे या टट्टी जाओगे?"

---

1. चाय, 2. भाभी, 3. माँ

राय सैप फिर खीझे, "सारी रात आराम करके मैं उठ रहा हूँ और पूछ रहा है, आराम करोगे? मदुआ! सुबह उठके टट्टी नहीं जाऊँगा तो क्या करूँगा?"

हरिया ने अपाहिज पिता का जनेऊ खुद उनके कान पर चढ़ा दिया और कहा, "वही पूछ रहा था बाबू, लग रही है क्या?"

"नहीं लग रही है तो मुझे टट्टी में बैठे रहने का शौक होगा माँचो?" राय सैप खीझे। लेकिन जब हरिया उनका लंगोट खोलकर उनके पिटार की चाभी अपने जनेऊ में बाँध रहा था, उनके चेहरे की झुर्रियों पर एक चमक-सी आ गयी, मुस्कराकर बोले, "प्रीमियर सैप की तरह।"

हरिया ने उन्हें साथ के बाथरूम में सहारा देकर खुड्डी पर बैठाते हुए पूछा, "प्रीमियर सैप की तरह क्या बाबू?"

"टट्टी में बैठे रहने का शौक।" पिता ने मुस्कराकर कहा, "मेरी तरह उन्हें भी कब्ज की भयंकर शिकायत ठहरी। कमोड के सामने ही एक मेज लगवा रखी थी उन्होंने। टट्टी में दफ्तर लगने वाला हुआ उनका। सेक्रेटरी दरवाजे पर खड़ा रहने वाला ठहरा हाथ में शार्टहैण्ड नोटबुक लेकर। मुझे बहुत अच्छा मानने वाले ठहरे प्रीमियर सैप, फ्रैण्ड-जैसा ट्रीट करने वाले हुए। मैं जाता तो फौरन सेक्रेटरी से कहने वाले ठहरे—जानकी, गिरिया को भीतर आने दे। कॉफी बनवा इसके लिए।"

"वाह!" हरिया ने दाद दी, "टट्टी में ही बुला लेने वाले ठहरे।"

पुत्र की दाद को पिता ने व्यंग्य मान लिया और खीझकर कहा, "होंठ ऐसे करके वाह क्या कह रहा है रे तू? अरे मदुआ, इत्ते बड़े-बड़े लोगों को मैं न जानता होता और उनकी मुझ पर खास मिहरबानी न रही होती, तो क्या मैं जंगलात में कैम्प क्लर्क लगकर जंगलात का ठेकेदार, फिर रियासत का दीवान कभी बन सकता था? राय साहबी मिल सकती थी कभी मुझे?"

"बाबू, मैंने तो तारीफ में ही वाह कहा। मुझे क्या, सारी दुनिया को पता ठहरा कि तुमने लाइफ में कितना राइज किया।" हरिया ने सफाई दी।

पिता फिर भी खुश नहीं हुए और बोले, "दुनिया यह भी देख रही है कि माँचो तुम लोगों के राज में कितना फॉल हुआ मेरा। बढ़िया चौड़े बाथरूम में चमचम विलायती कमोड में बैठने वाला मैं यहाँ तुम्हारे मुर्गी के

दड़बे-जैसे टाइप टू क्वार्टर की माचिस के डिब्बे-जैसी इस टट्टी की गन्दी खुड्डी पर बैठा हूँ, और वह भी बेकार ही। माँचो निकल ही नहीं रही है। नहीं निकल रही है रे, नहीं निकल रही है। आग लगे मेरे पाप पर।"[1]

हरिया जानता था कि अब उसे क्या करना होगा। लेकिन वैसा करने के प्रस्ताव को शब्द देने के लिए उसे आज भी साहस जुटाना पड़ा। अपने संकोच को जीतने के लिए उतना नहीं, जितना कि प्रतिक्रिया में अनिवार्यतः होने वाले पिता के आक्रोश को झेलने के लिए। वाशबेसिन के साथ लगी काठ की छोटी अलमारी खोलते हुए उसने पूछा, "एनीमा निकालूँ या दस्ताना?"

राय सैप पहले कुछ नहीं बोले। उनका गोरा चेहरा लाल होता चला गया। इस लाली में कुछ योग मल-निष्कासन के लिए लगाये जा रहे जोर का था और कुछ अपनी असहायता पर उमड़ते हुए क्रोध का। फिर उनके होंठ फड़फड़ाये और उनके मुँह से अस्फुट-से बोल फूटे, "जबरदस्ती खाना खिला देते हैं माँचो मुझे। मत खिलाया करो रनकरो[2], मत खिलाया करो। न पेट में अन्न जायेगा, न मल बनेगा, न यह मुसीबत हुआ करेगी रोज सुबह-सुबह।"

हरिया ने पिता के आक्रोश की मात्रा को ध्यान में रखते हुए एनीमा की जगह दस्ताना निकालना ही उचित समझा। उसने पिता को खुड्डी से उठाकर गुसलखाने के दरवाजे के पास ही चटाई पर लिटा दिया और दस्ताने को चिकनाई में डुबाकर हाथ में पहनते हुए कहा, "जीवन के लिए तो अन्न जरूरी ठहरा बाबू।"

"ये कोई जीवन हुआ?" पिता एक साथ ही फुफकारते हुए और कराहते हुए बोले, "यह तो मौत से भी गयी-बीती कोई चीज ठहरी माँचो। जिन्दगी तो मैंने हरमौर रियासत में जी ली। वहाँ से दिल्ली आया, बड़े बेटे का कारोबार देखने। तब से मौत-ही-मौत देख रहा हूँ। खुद मेरी मौत न जाने कहाँ चली गयी होगी? खाना-पीना बन्द कर दो आज से। वह मेरा दुश्मन होगा माँचो, जो मुझे जबरदस्ती खाना खिलायेगा।"

पिता के एक परिचित के बेटे डॉक्टर नीलाम्बर से सीखी हुई विधि से और उसकी ही जैसी निस्पृहता से वह घिनौना काम अन्जाम देते हुए हरिया ने

---

1. दुख और खीझ में कहा जाने वाला तकियाकलाम, 2. शैतानो

कहा, "दुश्मन तो वह होगा, जो तुम्हें खाना नहीं देगा बाबू। मैं तो तुम्हारा बेटा हूँ। जिन्दा रखने के लिए कुछ-न-कुछ तुम्हारे मुँह में डालूँगा ही। और नहीं खाने की जिद करोगे तो डॉक्टर नीलाम्बर को बुला दूँगा। ड्रिप चढ़ा देगा।"

"डॉक्टर कहते हो उसे, कसाई है माँचो। खबरदार, जो उसे बुलाकर नाक-मुँह में नलियाँ घुसेड़कर खाना खिलवाया मुझे।"

"नहीं खिलवाने से तो पाप लगेगा बाबू, मुझे भी और आपको भी। डॉक्टर नीलाम्बर कह नहीं रहा था कि तुम नहीं खाओगे तो आत्महत्या का मामला होगा!"

सूखे मल को तोड़ और खींचकर बाहर निकालने की कष्टसाध्य और कष्टप्रद प्रक्रिया शुरू हो चुकी थी। पिता ने चीखते-कराहते हुए कहा, "अरे मैंने बचपन में देखा है कि बड़े-बड़े ज्ञानी और तपस्वी लोग बुढ़ापे में शरीर छोड़ने के लिए अन्न-जल ग्रहण करना बन्द कर देते थे। कोई यह नहीं कहता था कि आत्महत्या कर रहे हैं।"

अगर पुत्र चिकनाई में लथपथ दस्ताने की मदद से मल निकालने में तुरन्त सफल हो जाता तो रोज की तरह आज भी पिता अपने दूर के रिश्ते के मामा पदमादत्त पन्त उर्फ पदिया 'बानर' का किस्सा सुनाने लग जाते जो बाल पत्रिका 'वानर' के नियमित ग्राहक थे और जिन्होंने अपनी पत्नी के देहान्त के बाद अन्न और जल छोड़कर प्रायोपवेशन पद्धति द्वारा अपना चोला छोड़ा था। लेकिन आज मल विकट रूप से ठोस था। बड़ी मुश्किल से उसका तीन-चौथाई हिस्सा तोड़ा और निकाल सका। बाकी फँसा ही रह गया।

"प्रोस्टेट और ज्यादा बढ़ गयी, ऐसा लग रहा है मुझे तो।" पुत्र ने काम अधूरा छोड़ने पर संकोच से कहा और पिता का गुदा-द्वार और अपना हाथ धोकर पिता को स्पंज से प्रतीकात्मक स्नान कराने में जुट गया।

पिता पहले चीखे, "तेरे माथे पर दाग[1], प्रोस्टेट का बढ़ना लग रहा है तुझे। क्या हो रहा है, मैं ही जानता हूँ। और कोई नहीं जानता माँचो। सौ साल जिऊँगा। सौ वियोग सहूँगा।"

हरिया कुछ समझ नहीं पाया। इसलिए सीना स्पंज करते हुए पिता पर

---

1. गाली

झुका और कान के पास मुँह ले जाकर बोला, "यह किसने कह दिया तुमसे बाबू ?"

पिता ने कोई जवाब नहीं दिया। हरिया ने आवाज थोड़ी और ऊँची करके अपना प्रश्न दोहराया और पिता झल्लाये, "मैं बहरा नहीं हो गया हूँ। चीख क्यों रहा है माँचो ?"

हरिया ने सुर नीचा करके प्रश्न दोहराया और पिता ने उसका उत्तर देने की बजाय कहा, "जल्दी अंग पोंछ मेरे और जूस पिला।"

हरिया को अपने पिता की 'सौ साल जीने और सौ वियोग सहने' की बात पर हैरान होना चाहिए था। खासकर इसलिए कि वह इसका कोई खुलासा देने को तैयार नहीं हुए थे। मगर वह हैरान नहीं हुआ। पिता को वापस उनके कमरे में ले गया। वहाँ उसने उनके कपड़े बदले, उन्हें जूस पिलाया और फिर खुद तैयार होकर सोशल विजिट के लिए बाहर निकल गया। चलने से पहले उसने तीसरी नौकरी छोड़कर घर बैठे अपने सदा-उदास तलाकशुदा, पियक्कड़ और जुआरी भतीजे हेमन्त को बड़बाज्यू[1] की तीमारदारी के बारे में जरूरी हिदायतें दीं।

•

आज जिन लोगों के यहाँ हाजिरी लगानी थी उनमें रिटायर होकर लाजपत नगर में रहने वाले मुरलीधर पाण्डे उर्फ मुरलिया 'हाफपैण्ट' हरिया के घर से सबसे दूर रहते थे। इसलिए हरिया ने साइकिल लाजपत नगर की ओर बढ़ा दी। मुरलीधर जी, जो स्कूल के दिनों में शाखा में जाने के कारण हाफपैण्ट कहलाते थे, बूढ़े ननिहाल के रिश्ते से हरिया के भतीजे लगते थे। मितभाषी लेकिन मृदुभाषी थे और अपने से बीस साल छोटे कक्का से थोड़ी बतकही करने जरूर आ जाते थे। दुर्भाग्य से वह आज अपनी बेटी से मिलने शाहदरा गये हुए थे। घर में उनका छोटा बेटा आशुतोष था जो हरिया को आता

---

1. दादाजी

देखकर तौलिया लेकर गुसलखाने में घुस गया हालाँकि वह घोषणा कर चुका था कि आज दोपहर से पहले नहाने का मूड नहीं है—लेटे-लेटे उपन्यास पढ़ता रहूँगा। हरिया की अगवानी करने की जिम्मेदारी उसने मुरलीधर जी की विधवा चाची पर डाल दी जो पहाड़ की ठण्ड से बचने के लिए दिल्ली आयी हुई थीं।

"बैठो लला।" हेमुली बोज्यू[1] बोलीं, "आज मुरली हौर तो शब के शब सहादरा जा रहे हैं। शुसीला शे बड़े दिनों शे भेंट नहीं हो रही थी उनकी। शुसीला के शशुर को कैंशर बता दिया है बल[2]।"

"हाँ, आँत के बिल्कुल नीचे वाले हिस्से का।" हरिया ने कहा, "मैं देखने गया था रक्षाबन्धन के दिन। कैंसर वाला हिस्सा काट दिया है। टट्टी के लिए पेट में ही दूसरा छेद बना दिया है बल।"

"हाई!" हेमुली घिनाते हुए सिहरीं, "मैं कहती हूँ इशशे तो मर जो जाते। कम-शे-कम बहत्तरी के होंगे। मेरा हेमदा इन्हें ददा कहता था और हेमदा अभी जिन्दा होता तो इकहत्तरी का होता।"

"पिचहत्तरी का हूँ, बता रहे थे। डॉक्टर कह रहा है बल कि ऑपरेशन ठीक हो गया है, दो-तीन साल मजे के साथ खींच लेंगे।"

"हमारी शुसीला बिचारी के लिए तो बड़ा फजीता हो जायेगा। दो नन्हे-नन्हे बच्चों को जो देखे, बीमार शशुर को जो देखे। मुरलिया मेरे शे कह रहा है कि काखी, तुम रह जाओ शुसीला के पाश। मैं आपहि बीमार ठहरी रोज की। मदद तो क्या जो करूँगी मैं उसकी, आप भी एक नयी मुशीबत बन जाऊँगी बिचारी के लिए।"

"गैस चढ़ने का रोग है तुम्हें तो शायद।" हरिया ने पूछा।

"ग्यश तो बहुत पुराना रोग ठहरा मेरा। कुछ खा लो तो ग्यश और झुलसैन डकार, नहीं खाओ तो ग्यश और कमजोरी। लेकिन अब इश दाहिनी आँख में जाने क्या हो गया है मेरे, हमेसा दर्द होता रहता है। रोसनी भी कम-जैशी हो रही है। इन लोगों ने डिश्पेंशरी वाले डॉक्टर को दिखाया। उशने एक मलहम-जैशा दिया। कुछ फायदा नहीं हुआ कहा। इत्ता दर्द रहता

---

1. भाभी, 2. 'बोला है' का पर्याय अर्थात् ऐसा बताते हैं।

है इश आँख में, शिर में कि अब मैं क्या बताऊँ लला।"

हरिया ने टिप्पणी की, "एक मेरे बाबू के दोस्त थे, सरदार हरविन्दर सिंह। उनके बेटे त्रिलोचन सिंह को भी ऐसा ही दर्द होता था कहा। उसको तो आल इंडिया वालों ने आँख का कैंसर बताया। उसी में खतम हुआ परार के साल।"

हरिया की इसी तरह की टिप्पणियों के कारण बूढ़े लोग भी उससे बात करने को विशेष उत्साहित नहीं रहते थे। तो एक क्षण स्तब्ध रह जाने के बाद हेमुली बोज्यू उठीं और उन्होंने पूछा, "चहा बनाऊँ?" यह जानते हुए पूछा कि आज हरिया की हमारे यहाँ चाय पीने की बारी नहीं है।

हरिया चाय के लिए मना करते हुए उठा। उसे इस बात का अफसोस हुआ कि चाय का प्रस्ताव बहुत जल्दी कर दिये जाने के कारण पिता के स्वास्थ्य के सम्बन्ध में विस्तृत विज्ञप्ति जारी करने का अवसर नहीं मिल पायेगा। लिहाजा उसने अपना साइकिल क्लिप जेब से निकालते हुए एक संक्षिप्त विज्ञप्ति जारी की, "बाबू को इधर नींद कम आ रही है और टट्टी-पेशाब की तकलीफ भी बढ़ गयी है। आज तो हाथ से निकालने पर भी पूरी नहीं निकल पायी। लौटते में नीलाम्बर को साथ लेकर जाऊँगा। देखो, शायद उसके कहने[1] निकल जाये।"

हेमुली बोज्यू ने हरिया की बाँह पर हथेली रखकर कहा, "शच लला, तुमने तो अपने बाबू की शेवा में अपनी जवानी श्वाहा कर दी। मेरे-तुम्हारे जैशे कुछ लोग दूशरों के दुख झेलने के लिए पैदा होते होंगे। आप कोई शुख नहीं पाते। तुम्हारा तो ब्या[2] भी नहीं हुआ। मेरा हुआ तो ऐशे-शे जो द्वाराचार के बखत शे ही पगलेट[3] कर रहा था। छै[4] अलग ठहरा। पूरे बारह शाल शेवा कराके गये तुम्हारे दाज्यू[5], कोई बच्चा भी नहीं दे गये जो आगे को शहारा बनता। आप तो वह चले गये, मुझे अपने बिरादरों की चाकरी में छोड़ गये। दो बखत के खाने के लिए बर्तन माँजती रही उनके। तुम्हें भी तो दूशरों की शेवा में अपनी शुध लेने का बखत ही नहीं मिला लला। अरे तुम्हीं बताओ, यह कहाँ का न्याय ठहरा कि हम बोज्यू-देवर को शेवा का कोई

---

1. उसके कोशिश करने से, 2. विवाह, 3. पागलपल, 4. क्षयरोग, 5. भाई साहब

मेवा-जैशा कभी नहीं मिला जिनगी में।"

देवर के चेहरे पर कोई प्रतिक्रिया नहीं हुई, फिर भी बोज्यू ने उसे बाँह से पकड़कर फिर बैठाने की कोशिश की, "बैठो लला, ऐशी भी क्या जल्दी हो रही है? मेरे लिए तो दुख-शुख की बात करने को एक तुम्हीं बचे हो। बैठो ना, मैं एक तोपुक[1] चहा बना लाती हूँ। तुम्हारे बहाने मैं भी पी लूँगी।"

"नहीं, आज चहा यहाँ पीने की बारी नहीं है। अगली बार पीऊँगा। तब करूँगा ज्यादा बात।"

बोज्यू ने मुस्कराकर उसकी बाँह छोड़ दी और कहा, "लेकिन टट्टी-पेशाब, बीमारी-हीमारी की बात मत करना, हाँ। वैशी ही बात करना जैशी देवर को बोज्यू शे करनी चाहिए। तुम्हारे बाबू तो, मैंने शुनी, ऐशी बातों में बडे तेज थे। तुम्हारी ईजा बताती थी कभी-कभी।"

बुढ़ापे के बावजूद आकर्षक हेमुली बोज्यू के किशोरियों की तरह खिलखिलाकर हँसने की भी हरिया के मन में कोई प्रतिक्रिया नहीं हुई। उसे यह जानने की भी कोई जिज्ञासा नहीं हुई कि उसके पिता कैसी बातों में बहुत तेज थे? वैसे ही जैसे उसे कभी हेमुली बोज्यू से यह पूछने का मन भी नहीं हुआ था कि मेरे छोटे भिन्ज्यू नरेन्द्र कृष्णपन्त खुद तुम्हें क्यों तेज़ कहते थे? उसने नमस्कार कहा और साइकिल पर सवार होकर घर की दिशा में बढ़ने लगा। उसे अभी घर पहुँचने से पहले दो जगह और सोशल विज़िट के अन्तर्गत हाजिरी देनी थी और फिर डॉक्टर नीलाम्बर के यहाँ जाना था।

•

उसकी अगली मंजिल थी लोदी रोड। वहाँ उसे अपने मौसेरे भाई धारी (धरणीधर पाण्डे) से मिलना था। पत्रकारिता के माध्यम से सरकारी अफसर बना धारी हरिया का हमउम्र था और स्कूल में उसके साथ पढ़ा था। लेकिन इसके बावजूद, या शायद इसीलिए, धारी को हरिया से मेलजोल रखने का

---

1. थोड़ी-सी

जरा भी उत्साह न था। आज भी हरिया को मुख्य सड़क से अपने क्वार्टरों की ओर साइकिल घसीटते हुए पैदल मुड़ता देखकर वह तेजी से घर में घुसा और उसने अपनी पत्नी बिमला को बाध्य किया कि पीछे के रास्ते तत्काल उसके साथ पड़ोसी नवीनदा के यहाँ भाग चले। उसने कहा कि आज हरिया की हमारे यहाँ चाय पीने की बारी है। कम-से-कम बीस मिनट तक उससे टट्टी-पेशाब और बलगम की बातें सुननी पड़ेंगी। और तू तो जानती ही है कि मैं तो अस्पताल में किसी बीमार को देखने जाने तक से कतराता हूँ।

बिमला ने आपत्ति की कि हम चले जायेंगे तो हरिया के साथ बैठेगा कौन? धारी ने यह जिम्मेदारी अपने बातून और किशोर बेटे अतुल पर सौंपी और उसे सावधान किया कि मेहमान से यह मत कहना कि पड़ोस में गये हैं, बताना कि लारेंस रोड मिश्रा जी के यहाँ गये हैं। जल्दी से चाय पिलाकर विदा कर देना।

कॉलबेल बजने पर अतुल उस बड़े एटलस को हाथ में लिए दरवाजा खोलने गया, जिसका वह इस छुट्टी के दिन सबेरे से एकाग्र अध्ययन कर रहा था। अपने मेधावी मस्तिष्क को पाठ्यक्रम से बाहर का 'अनुपयोगी' ज्ञान बटोरने में लगाये रखने की उसे जिद-सी थी। इसके चलते वह क्विज प्रतियोगिताएँ तो जीत लेता था मगर परीक्षाओं में उतने अधिक अंक अर्जित नहीं कर पाता था, जितने कि धारी के अनुसार उस-जैसे मेधावी बालक को अर्जित करने चाहिए थे।

नमस्कार करने के बाद अतुल ने हरिया को भीतर ले जाते हुए सूचित किया कि डैडी-मम्मी तो अभी-अभी निकल गये। आप दो मिनट पहले आ जाते तो मुलाकात हो जाती। हरिया ने 'ओहो' कहकर अपना अफसोस जाहिर किया और सोशल विजिट में सबसे पहले मेजबान के स्वास्थ्य की चर्चा करने के अपने नियम का उल्लंघन करते हुए अपनी साइकिल के स्वास्थ्य की चर्चा कर डाली कि उसकी चेन के उतरने और कवर की आड़ के कारण चढ़ाए न जा सकने से मुझे देरी हो गयी नहीं तो मैं दस मिनट पहले यहाँ पहुँच गया होता। अतुल ने पेचकस लाकर हरिया की समस्या का समाधान किया और पूछे जाने पर बताया कि डैडी-मम्मी लारेंस रोड मिश्रा जी के यहाँ गये हैं।

कवर उतारकर चेन फिर से चढ़ाते हुए हरिया ने कहा, "अच्छा, मिश्रा जी की भतीजी के गोद के बच्चे के बारे में पूछने गये होंगे! पिछले इतवार मैं वहाँ गया था तो पता चला कि उसके दिल में पैदायशी छेद था बल। डॉक्टरों ने कहा कि अभी ऑपरेशन कराके ठीक करा लो। ऑपरेशन करने से दिल तो ठीक हो गया लेकिन जगह-जगह दिमागी नसों में खून जम जाने से उसकी आँखों की रोशनी चली गयी है और बहरा भी हो गया है बल। मिश्रा जी कह रहे हैं कि इससे तो मर ही जाता। ऐसे बच्चे को क्या जो पालेंगे, कैसे जो पालेंगे?"

इस सूचना को पाकर अतुल ने जहाँ इस बात पर राहत महसूस की कि मम्मी-डैडी सचमुच मिश्रा जी के यहाँ नहीं गये हैं, गये होते तो डैडी का मूड बहुत वैसा-वैसा हो जाता, वहाँ दूसरी ओर उसे साइकिल ठीक करते-कराते मनुष्य और मशीन के विषय में प्रवचन देने का लोभ भी हुआ।

तो ज्ञान-प्रदर्शन करने के अपने किशोरोचित आग्रह के वशीभूत उसने बताया कि मनुष्य का शरीर भी एक तरह से मशीन ही है। सर्जन लोग उसे उसी तरह ठीक करते हैं, जिस तरह हम लोग साइकिल को कर रहे हैं। मगर फिर भी बड़ा फर्क है। एक तो क्या है कि शरीर की मशीन चलती ही रहनी चाहिए, रुकी नहीं कि मनुष्य मर जाता है। चेन उतरने से आपकी साइकिल चलनी बन्द हो गयी थी, लेकिन चढ़ाते ही फिर चलने लगेगी। लेकिन मान लीजिए, आपका दिल चलना रुक जाये तो आप फौरन मर जायेंगे। इसी तरह आपकी कार में कहीं पेट्रोल के पाइप में कचरा फँस जाय तो कार चलनी रुक जायेगी लेकिन कचरा साफ कर दो तो फिर चलने लगेगी। लेकिन शरीर में खून की नाड़ी बन्द हो जाये तो जिस हिस्से को भी वह खून पहुँचाती होगी वह मर जायेगा। इसीलिए तो मिश्रा जी का नाती अन्धा और बहरा हो गया होगा। अगर दिल को ही खून पहुँचाने वाली नाड़ियाँ बन्द हो जायें तो दिल ही मर जायेगा, इसलिए आदमी मर जायेगा।

एक फर्क और भी है, मशीन के लिए पार्ट आसानी से मिल जाते हैं लेकिन मनुष्य के लिए असली पार्ट किसी और मनुष्य से लो तो शरीर उसे स्वीकार करने में आनाकानी करता है। और सबसे बड़ी बात यह है कि मशीन को ठीक-ठाक रखो तो वह अनन्त काल तक चलती रह सकती है,

लेकिन मनुष्य बूढ़ा होकर रहता है और मरता है। वैज्ञानिक कह रहे हैं कि जैसे मनुष्य के भीतर ग्रोथ हार्मोन होता है वैसा ही डैथ का भी हार्मोन होता है। वह हार्मोन घूमा कि मनुष्य का शरीर समझ जाता है कि अब मुझे बूढ़ा होकर मर जाना है।

अन्त में अतुल ने उपसंहार-स्वरूप कहा कि मनुष्य भी है तो मशीन ही मगर जानदार मशीन है और जान क्या होती है यह कोई ठीक से जान नहीं पाया है और शायद जान भी नहीं सकता है।

हरिया की जगह और कोई भी होता तो इन बातों को सुनकर हैरान होता। इस बात से तो शर्तिया ही होता कि इस उम्र का बच्चा ये कैसी बातें कर रहा है? लेकिन हरिया पर इसका केवल इतना ही असर हुआ कि उसने 'वाह' कहकर छोटी-सी दाद दी। फिर उसने डैडी और मम्मी के तथा अतुल के स्वास्थ्य के बारे में गैरजरूरी सवाल पूछे। हरिया अगर हैरान होना जानता तो उसे इस बात से भी हैरानी हो सकती थी कि उसके "और आपकी तबीयत कैसी चल रही है आजकलों?" पूछने से स्वस्थ व्यक्ति खुश नहीं होते, बल्कि उनकी तबीयत होती है कि गालियाँ दे-देकर हरिया की तबीयत साफ कर दें।

अतुल से यह सूचना मिलने पर कि हम लोग सब ठीक हैं, हरिया ने अपने पिता के स्वास्थ्य का समाचार देना शुरू किया। सुनकर अतुल घिनाया नहीं, बल्कि उसने गिरवाण दत्त जी के अपने ही मल को निष्कासित न कर सकने को एक व्यापक प्रश्न से जोड़कर चर्चा आगे बढ़ानी चाही। वह यह कि आदमी का शरीर पूरी तरह से आदमी के बस में क्यों नहीं होता? आपके बाबू के जो अंग लकवा पड़ने के बाद काम नहीं कर रहे हैं वे अगर उनके ही हैं तो उनका कहना क्यों नहीं मान रहे हैं? अगर ये अंग आपके बाबू के नहीं, उनके दिमाग के किसी हिस्से के बस में थे, तो क्या आपके बाबू अपने दिमाग से कोई अलग हस्ती रखते हैं? या वह उतने भर होते हैं, जितने उनके दिमाग के हिस्से काम कर रहे होते हैं? आपके बाबू अपने शरीर में कहाँ स्थित हैं? अगर दिल चलता रहेगा लेकिन दिमाग मर जायेगा तो आप अपने बाबू को जिन्दा मानेंगे कि मरा हुआ?

इस दिलचस्प सवाल को सुनकर भी हरिया हैरान नहीं हुआ। उसने जमकर उबासी ली। तो अतुल ने भी घड़ी देखी और चाय के लिए पूछा।

आज यहाँ चाय पीने की बारी थी, इसलिए हरिया ने हामी भर दी। चाय बनने का इन्तजार करते हुए अतुल फिर से एटलस देखने लगा और हरिया आदतन उबासी पर उबासी लेता चला गया। फिर एटलस देखते हुए ही अतुल ने मुस्कराकर वह संज्ञा उचारी, जो हरिया की हैरानी की और इस कहानी की नींव बनी।

वह बोला, "गूमालिंग। अभी हम लोग गू की बात कर रहे थे और यह देखो पश्चिम आस्ट्रेलिया में एक जगह है, जिसका नाम है गूमालिंग।"

"गूमालिंग?" हरिया ने कहा, "ऐसा तो क्या होगा नाम किसी जगह का? मजाक कर रहा है तू भाऊ।"

अतुल एटलस लेकर हरिया के पास आया और हरिया ने देखा कि नक्शे पर जिस जगह अतुल की अंगुली रखी है, वहाँ सचमुच गूमालिंग लिखा हुआ है। उसे अपनी कमजोर हो चुकी पास की नजर पर भरोसा नहीं हुआ, लिहाजा उसने अपने शायद ही कभी उपयोग में आने वाले पढ़ने के चश्मे को पहना और नक्शा फिर से देखा। हाँ, गूमालिंग ही लिखा हुआ था।

हरिया ने शंका की, "गू जैसा तो कोई वर्ड इंगलिश में होता ही नहीं। यह गलत भी तो छपा हो सकता है।"

अतुल को ज्ञान-प्रदर्शन का एक अवसर और मिला, वह बोला, "गू इंगलिश का वर्ड भी है। उसका मतलब होता है, कोई लिसलिसी चीज। चटनी को अमेरिका वाले गू ही कहते हैं।"

चश्मा तार के जेब में रखते हुए हरिया ने कहा, "कुछ अजीब-सा ही लगता है नाम गूमालिंग। क्या वहाँ भी लोग-बाग रहते होंगे?"

अतुल ने इन्डेक्स देखकर बताया, "वहाँ की आबादी दस हजार है।"

"गूमालिंग में क्यों रहते होंगे लोग?" हरिया ने सवाल किया।

"कहाँ-कहाँ नहीं रहते लोग? तपते रेगिस्तानों में रहते हैं, ठिठुरते बर्फानी पहाड़ों में रहते हैं। देखकर ताज्जुब होता है कि ऐसी खराब जगह में क्यों जो बसे होंगे?"

हरिया रेगिस्तान और पहाड़ों की ओर न भटककर गूमालिंग में ही अटका रह गया। उसने कहा, "ये जो गूमालिंग में रहते हैं, क्या वे भी हमारे जैसे ही हैं?"

अतुल ने कहा, "इन्सान तो क़हीं भी रहे हरिया कक्का, वह इन्सान ही होता है। अब जैसे आप गोल मार्केट में रहते हैं तो आप ही का जैसा कोई गूमालिंग में भी रहता है। आप दोनों एक-दूसरे के लिए अजनबी हैं, लेकिन अगर आप कभी मिलेंगे तो पायेंगे कि आप दोनों में कोई फर्क नहीं है। वह भी बिल्कुल आपकी जैसी जिन्दगी जीता है। आप दोनों एक ही किस्म के जानवर हैं।"

चाय आ चुकी थी। उसकी दो घूँट भरने के बाद हरिया जिन्दगी में पहली बार गहन सोच में पड़ गया। उसने पूछा, "तुम्हारा मतलब है कि गूमालिंग में कोई मेरा-जैसा ही रहता है और वह बिल्कुल मेरी-जैसी जिन्दगी जीता है?"

"हाँ।" अतुल ने पूरे विश्वास से कहा।

"जैसे मुझे अपने बाबू की सेवा करनी पड़ रही है, वैसे ही वह भी कर रहा होगा?" हरिया ने पूछा।

अतुल मुस्कराया, "हाँ, उस गूमालिंग वाले को भी आपकी तरह दस्ताना पहनकर अपने बाबू का गू निकालना पड़ रहा होगा।"

सुनकर हरिया जीवन में पहली बार हैरान हुआ। त्यौरियों पर बल डालकर उसने पूछा, "बिल्कुल मेरा-जैसा कैसे हो सकता है कोई?"

"क्यों नहीं हो सकता?" अतुल ने कहा, "डबल होने की बात तो दुनिया में हर जगह ही की जाती रही है शुरू से।"

"डबल?" हरिया की हैरानी बरकरार रही।

"हाँ।" अतुल बोला, "हू-ब-हू आपका-जैसा कोई। जैसा आपको आईने में दिखाई देने वाला होता है।

"हैरानी की बात है यह तो।" हरिया ने हैरानी के अस्तित्व का पहली बार सार्वजनिक स्वीकार करते हुए कहा।

"इससे भी बड़ी हैरानी की बात यह है कि हम कभी यह नहीं सोचते कि जो कुछ यहाँ हो रहा है वही दुनिया में वहाँ-वहाँ, न जाने कहाँ-कहाँ हो रहा है! यहाँ भी हम बातें कर रहे हैं, वहाँ भी वे बातें कर रहे हैं। यहाँ भी हम कहानी सुना रहे हैं, वहाँ भी वे कहानी सुना रहे हैं। यहाँ भी पैदा हो रहे हैं, वहाँ भी पैदा हो रहे है। यहाँ भी मर रहे हैं, वहाँ भी मर रहे हैं।"

"वह जो गूमालिंग में है, उसका बाप भी मर रहा होगा फिर तो? बरसों से मर रहा होगा!" हरिया ने अचरज से कहा।

"क्यों नहीं!" अतुल बोला, "वह आपसे कोई अलग तो नहीं है।"

•

अपनी अगली मंजिल की ओर बढ़ते हुए हरिया उस गूमालिंग वाले दूसरे के बारे में सोचता रहा। उसके मस्तिष्क में एक बिम्ब उभरा, जिसमें वह दूसरा दस्ताना पहनकर अपने पिता का सूखा अटका मल निकालने की कोशिश कर रहा था। हरिया को यह जानने की बेहद बेचैन-सी इच्छा हुई कि क्या वह दूसरा सचमुच मेरा-जैसा है? वैसा जैसा मुझे आईने में दिखाई देने वाला होता है? और उसका डैडी क्या मेरे बाबू-जैसा ही है साक्षात्?

दुर्भाग्य कि इस बिम्ब में न पुत्र का चेहरा साफ दिखाई दे रहा था, न पिता का। पुत्र, पिता का मल निकालने में एकाग्र था। इसलिए उसकी झुकी हुई पीठ नजर आ रही थी और पिता, हरिया के बाबू राय साहब गिरवाण दत्त की तरह ही, इस असमंजसप्रद अवसर पर अपना चेहरा तकिये में छिपाये हुए था, मानो जो कुछ हो रहा है, वह उससे बेखबर सो रहा हो। हरिया को इस सबसे इतनी हैरानी हुई कि वह सोचने लगा कि मैं भी इस बिम्ब में घुस जाऊँ और अपना ही नाम पुकारूँ—हरिया। देखूँ कि वह गूमालिंग वाला पलटता है कि नहीं?

हरिया अपनी इस हैरानी से इतना हैरान होने लगा कि पुनः स्वस्थ होने के लिए उसने यह मानना चाहा कि जो कुछ अतुल ने बताया, वह सिरे से झूठ था। गूमालिंग-जैसी कोई जगह है ही नहीं। नक्शे आखिर इंसानों के ही बनाये हुए होंते हैं और इंसान झूठ भी बोलते ही हैं कभी-कभी। और डबल की बात तो उस अतुल ने मुझसे हँसी-ठट्ठा करने के लिए की होगी। लेकिन वह मुझसे हँसी-ठट्ठा क्यों करेगा भला? ऐसा तो रिश्ता है नहीं हमारा।

सन्तुलन वापस पाने की कोशिश में हरिया ने अपना ध्यान गूमालिंग, पश्चिम आस्ट्रेलिया से हटाकर बी-375, सरोजनी नगर पर केन्द्रित किया,

जहाँ उसका आज का अगला मेजबान सुलतान अहमद रहता था। वह गिरवाण दत्त जी के हैम्पटन साहब के फारसी-उर्दू ट्यूटर मौलाना अब्दुल हक की सबसे छोटी और शोख बिटिया अतिया उर्फ बन्नो का बेटा था।

अभी कुछ वर्ष पहले तक बन्नो से मिलने जाना हरिया के लिए पिता को सूचनाएँ देने की दृष्टि से बहुत उपयोगी रहता था। वह न केवल अपने बारे में विस्तार से बताती बल्कि गिरवाण दत्त जी के गैरी साहब के जमाने के परिचित परिवारों के हाल समाचार भी देती। लोगों ने भले ही अशक्त और चिड़चिड़े गिरवाण दत्त तिवारी से मिलने आना बन्द कर दिया हो, लखनवी जबान बोलने वाली, लखनवी नाजो-अदा की धनी लावण्यमयी अतिया बेगम उर्फ बन्नो से वे बहुत खुशी से मिलते थे और उसकी मेजबानी के गुण गाते थे। लेकिन इधर उसे विस्मृति का रोग हो गया था। वह अपने बच्चों तक को पहचान नहीं पाती थी और ज्यादातर अपनी किशोरावस्था की बातें करती रहती थी। सो भी कुछ इस अंदाज से गोया अभी वह खुद किशोरी ही हो।

दिल्ली की सड़कों पर दिनोंदिन बढ़ते जाते खूँखार यातायात से बचते-बचाते सरोजनी नगर की ओर जाते हुए साइकिल-सवार हरिया को आज पहली बार बन्नो की विस्मृति पर हैरानी हुई, जिसके वशीभूत वह हरिया को अपने मायके का मेहतर छोटू समझने लगी थी। अगर बन्नो की यादें बन्नो की अपनी होने के नाते बन्नो के बस में हैं तो बन्नो का अपनी किशोरावस्था के बाद की सारी यादों से सारा सम्बन्ध टूट कैसे गया है? वह अपने बूढ़े शरीर को किशोर क्यों माने ले रही है? अपनी आज की दिल्ली की दुनिया को जबरदस्ती खींच-खाँचकर अपने किशोरावस्था की हरमौर रियासत की दुनिया कैसे बनाये ले रही है? क्या इंसान जो भी होता है, जितना भी होता है, अपनी यादों के कुल जोड़ के बूते ही होता है? और क्या ये यादें भी अलग-अलग खानों में बँटी रहती हैं कि इससे आगे की उम्र की याद खराब हो गयी है, इसलिए तुम अब बस उसी उम्र तक के रह जाओगे?

इस तरह सोचने पर उसे लगा कि अतुल ठीक ही पूछ रहा था कि तुम्हारे बाबू का दिमाग तुम्हारे बाबू के बस में क्यों नहीं है? और अगर वह यह बात ठीक कह रहा था तो गूमालिंग वाली बात भी ठीक ही होगी। और हाँ, वह डबल वाली भी!

वह बन्नो के बारे में सोचने की कोशिश कर रहा था लेकिन अब जिस बन्नो का बिम्ब बन रहा था, वह ब्लाउज-स्कर्ट पहने थी और गूमालिंग में थी। सामने उसका बेटा सुलतान अहमद भी काऊबॉय बना खड़ा था।

हरिया प्रतीक्षा करने लगा कि इस बिम्ब में बन्नो कुछ बोले। उसे यह जानने की उत्सुकता हुई कि वह अंग्रेजी बोलती है कि उर्दू? यह भी कि क्या वह वहाँ भी स्मृतिदोष के कारण अपने बेटे को अपना पति समझने लगी है? लेकिन बिम्ब मूक बना रहा।

गूमालिंग में गोल मार्केट की इन अनुगूँजों से हैरान-परेशान हरिया जब सुलतान अहमद के क्वार्टर पर पहुँचा तब वह बाहर सुखाये हुए कपड़ों को बारिश के डर से भीतर रखने में जुटा हुआ था। हरिया ने इस काम में उसका हाथ बँटाया लेकिन उसे हरिया के टपक पड़ने से सख्त कोफ्त हुई।

जब तक बुढ़िया विस्मृत नहीं हुई थी तब तक सुलतान अहमद हरिया को सीधा ले जाकर अम्मीजान के पास बैठा आता था। लेकिन जब से अम्मीजान की नटखट याददाश्त ने हरिया को छोटू मेहतर और सुलतान को अपना फुफेरा भाई और मंगेतर अब्दुल समझना शुरू किया तब से ऐसा करने में धर्म-संकट पैदा होने लगा। छूटते ही अम्मी कहतीं कि हमने आपको तन्हाई में आकर मिलने की दावत देते हुए यह इल्तजा तो नहीं की थी कि साथ में इस मेहतर को भी लेते आइयेगा। लिहाजा सुलतान अहमद को अब हरिया की मनहूसियत खुद ही झेलनी पड़ती।

हरिया को, जो आज कुछ खोया-खोया-सा लग रहा था, ड्राइंगरूम में बैठाते हुए सुलतान अहमद ने सोचा कि चलो गनीमत है आज इस कमबख्त की हमारी यहाँ चाय पीने की बारी नहीं है। इसलिए उसने अपनी अम्मी की सेहत के बारे में मुख्तसर-सा बुलेटिन जारी कर दिया कि खुदा के फजल से बिल्कुल ठीक हैं। और फिर तड़ से हरिया के बाबू की तबीयत के बारे में सवाल दाग दिया कि बुलेटिन सुनूँ और बला टले।

लेकिन हरिया गिरवाण दत्त जी के स्वास्थ्य के बारे में अपना बुलेटिन इतनी जल्दी जारी करने के मूड में नहीं था। उसे पता था कि बाबू को बन्नो के बारे में जानने की सबसे ज्यादा दिलचस्पी रहती है तो उसने सवाल किया, "याददाश्त कुछ ठीक हुई अम्मी की?"

सुलतान अहमद बोला, "याददाश्त, डॉक्टर कहते हैं, अब ऐसी ही रहेगी उनकी। और सुनाइए, आपके बाबू कैसे हैं?"

लेकिन हरिया उसी सुर को पकड़े रहा, "पिछली मर्तबा जब मैं आया तब ब्लडप्रेशर कुछ बढ़ा हुआ था, अब कैसा है?"

"जी दवाओं से कन्ट्रोल में आ गया है।" सुलतान अहमद ने कहा, "उनकी कमर का दर्द अब कम है। और बताइए, आपके बाबू अब कैसे हैं?"

"भूख कैसी है आपकी अम्मीजान की? एक मर्तबा बता रही थीं कि खाने की इच्छा ही नहीं रह गयी है।" हरिया ने फिर भी अपने बाबू का स्वास्थ्य-बुलेटिन जारी नहीं किया।

"आपकी दुआ से खुराक पूरी ले रही हैं। और आपके बाबू का क्या हाल है?"

"एक मिनट मिल सकता हूँ मैं अम्मीजान से? बाबू पूछते हैं कि देखने में कैसी लग रही थीं?"

सुलतान अहमद को झूठ का सहारा लेना पड़ा, "अम्मी सो रही हैं। जरा रात को नींद ठीक नहीं आयी थी।"

"नींद की कोई गोली वगैरह दी है क्या इस समय?"

सुलतान अहमद को झूठ पर कायम रहना पड़ा, "जी हाँ। और आपके बाबू की सेहत में कुछ सुधार हुआ इधर?"

"बाहर वाला आकर कोई देखे तो बता सकता है।" हरिया बोला, "मुझे तो अब बरसों से रोज वह एक ही जैसे दिखते हैं। हाँ, इधर कब्ज की शिकायत पहले से बहुत ज्यादा हो गयी है। दो-दो, तीन-तीन दिन तक होती ही नहीं टट्टी। असल में प्रोस्टेट और ज्यादा बढ़ गयी है। इस उम्र में ऐसी हालत में उसका ऑपरेशन तो कराया जा नहीं सकता। फिर यही उपाय रहता है कि टट्टी अपने-आप नहीं निकल रही है तो किसी तरह निकाल दो। आज हाथ डालकर भी मैं पूरी तरह नहीं निकाल पाया। अब लौटते में डॉ० नीलाम्बर पाण्डे को बुलाता ले जाऊँगा।"

सुलतान अहमद को तमाम और लोगों की तरह इस बात से हैरानी हुई कि हरिया उन कामों को बगैर घिनाये कैसे कर लेता है, जिनके बारे में सुनकर

ही मुझे घिन लग जाती है? उसे इस बात का पूरा खतरा नजर आया कि हरिया डॉ० नीलाम्बर का प्रसंग लाने के बाद फिर अटकने पर आमादा मल के पुराने संस्मरणों में खो जायेगा। तो उसने फौरन पूछ लिया, "चाय बनवाऊँ आपके लिए?"

हरिया उठ खड़ा हुआ, "नहीं, चाय के लिए तो माफी चाहूँगा, ज्यादा पी लो तो भूख खतम हो जाती है और पेशाब भी ज्यादा आता है। अम्मीजान से कह दीजियेगा कि बाबू उनको बहुत याद कर रहे थे। अच्छा, अब चलता हूँ, खुदाहाफिज ।"

अगर हरिया यहीं विदा हो जाता तो गूमालिंग के बारे में उसकी हैरानी हमारे लिए शायद कहानी न बनती। लेकिन तभी भीतर से बन्नो पान चबाती हुई आ पहुँची।

हरिया ने उसे कहते सुना, "अब्बाजान का पखाना साफ किये बगैर ही चला जायेगा मरदूद? तूने हमें गूमालिंग पूजने वाला समझ रखा है क्या?"

हरिया ने गूमालिंग सुना। हालाँकि बाद में हेमन्त की तरफ से बोलते हुए सुलतान अहमद ने बिरादरी को बताया कि अम्मीजान ने 'गू का लुंड' जैसा कुछ कहा था, गूमालिंग नहीं।

बहरहाल हरिया ने हैरान होकर कहा, "गूमालिंग तो आस्ट्रेलिया में है।"

बन्नो ने उसे गर्दन से पकड़ा और सुलतान अहमद के रोकने के बावजूद गुसलखाने की ओर धकेला, जिसका दरवाजा खुला हुआ था और जिसे इस्तेमाल करने के बाद किसी ने, शायद बन्नो ने ही, फ्लश नहीं चलाया था, "आस्ट्रेलिया के बच्चे, ये देख क्या बना पड़ा है, गूमालिंग।"

सुलतान अहमद ने लपककर फ्लश खींच दिया। बन्नो बोली, "ये लो, आपको भला क्या जरूरत थी इस मेहतर का काम करने की?"

सुलतान अहमद ने विस्मृत अम्मीजान की ओर से माफी माँगते हुए हरिया को विदा किया।

डॉक्टर नीलाम्बर के यहाँ जाते हुए रास्ते-भर हरिया को हैरानी इस बात से हुई कि जो गूमालिंग आस्ट्रेलिया के नक्शे में है, वही बन्नो की गड़बड़ याददाश्त के किसी कोने में भी है। और अगर वह बन्नो की याददाश्त में है तो उसके बाबू की याददाश्त में भी जरूर होगा, क्योंकि बन्नो और बाबू यादों के बन्धन से जुड़े हुए हैं। तो फिर बाबू ने गूमालिंग की बात कभी क्यों नहीं की? हरमौर रियासत की अपनी ठाट-बाट की जिन्दगी के किस्से सुनाना बाबू को बहुत ही ज्यादा पसन्द है। रोज ही किसी-न-किसी प्रसंग में कुछ-न-कुछ सुना ही देते हैं। बाज मर्तबा तो उनके किस्से का प्रसंग से कोई नाता जोड़ना ही मुश्किल हो जाता है। और अगर किसी ऐसे व्यक्ति से मिलकर आओ जिसके साथ वह हरमौर में रहे हों तो बाबू उस व्यक्ति के हरमौर के कितने ही किस्से सुनाने बैठ जाते हैं। हैरानी की बात है कि बन्नो की हरमौर की जिन्दगी के बारे में बाबू ने ढेरों बातें बतायीं लेकिन गूमालिंग का उनमें कहीं कोई जिक्र-जैसा आया नहीं।

वैसे सोचो तो यह भी बड़े अचरज की बात है कि खुद बन्नो ने गूमालिंग का कोई जिक्र तब नहीं किया जब उसके होशो-हवास पूरी तरह दुरुस्त थे। क्या गूमालिंग कोई ऐसी खतरनाक जगह है कि लोग-बाग उसका जिक्र करने तक में घबराते हैं? या कि यह गूमालिंग विस्मृति से उपजा एक झूठ है? अगर यह झूठ है तो क्या नक्शे में दिया हुआ वह गूमालिंग भी झूठ है? और यह जो अटके हुए मल के जरिये एक-दूसरे में अटके हुए पिता-पुत्र का बिम्ब बार-बार मेरे मस्तिष्क में उभर रहा है, उसकी पृष्ठभूमि में कौन-सा झूठा गूमालिंग है? वह जो बन्नो की विस्मृति से उभरा है या कि वह जो नक्शे में अंकित है?

इस गूमालिंग का मतलब क्या ठहरा? सुलतान की अम्मी गूमालिंग की पूजा की बात कर रही थी। कहीं यह गूमा की जगह गुमा लिंग तो नहीं है? बाज देसवाली[1] लोग खोये हुए को गुमा हुआ भी तो कह देते हैं। लेकिन गुम जो गया होगा तो पूजते कहाँ से होंगे? इसका मतलब गू का ही बना हुआ लिंग तो नहीं है? ऐसे लिंग को क्या जो पूजते होंगे? वैसे पूछते

---

1. मैदान में रहने वाले, गैर-पहाड़ी

हो तो लिंग को ही क्यों पूजते होंगे, जो पेशाब करने के लिए बना है और ह़गने वाली जगह के पास है ?

अगर तुम ये कहते हो कि इसी की मेहरबानी से बच्चे पैदा होने वाले हुए, वंश चलने वाले ठहरे तो यह जो क्यों नहीं पूछते भैया कि ज़ब वे बच्चे मरने के लिए ही पैदा होते हैं, तब ऐसे बच्चों को पैदा करने वाले को किस बात के लिए पूजना ठहरा? उसे तो उलटा पीटना, बल्कि काट फेंकना चाहिए। कहीं दुनिया में ऐसे भी लोग-बाग होंगे, जिनमें इसे पूजने का नहीं, इसे काट फेंकने का रिवाज हो? लेकिन ऐसा जो रिवाज रहा होगा तो बचे जो क्या होंगे वे लोग अब तलक?

हरिया का ध्यान इस ओर गया कि पूजा अकेले लिंग की नहीं की जाती। नीचे योनि भी रहती है। तो कहीं मर्द-औरत को आपस में मिलने वाला आनन्द तो इतना हाई क्लास नहीं कि उसकी वजह से लिंग की पूजा की जाती है? यह नुक्ता उठने प्रर हरिया ने पहली बार थोड़े अफसोस के साथ यह महसूस किया कि मेरे पास मर्द-औरत वाली प्राइवेट बात की कोई खास नॉलेज-जैसी है नहीं।

शादी की होती तो पता चलता। लेकिन बड़े भाइयों के एक-एक करके गुजरते जाने और उनके बाल-बच्चों की परवरिश का भार पड़ते जाने से हरिया की शादी की बात टलती चली गई। भतीजे-भतीजियों में जो जिन्दा रहे और किसी लायक बन सके वे अशकुनिया कक्का,[1] जिनके जनमते ही इस परिवार का सत्यानाश शुरू हुआ और बड़बड़ करते रहने वाले बड़बाज्यू[2] से नाता तोड़कर दिल्ली से बाहर जा बसे। साथ रहने को आखिर में सदा-बेकार, सदा-उदास एक हेमन्त ही बचा है। तो अन्त में हरिया को अपने बाबू की परवरिश के लिए भी कुँआरा रहना पड़ा।

कभी-कभी गिरवाण दत्त जी को पहले अपने अन्य पुत्रों की सन्तानों के, और फिर स्वयं अपने कारण हरिया के कुँआरे रह जाने का दुख भी होता था। वह बहुधा कहते भी थे, "चेला, तू तो मेरे मर जाने के बाद बेसहारा-जैसा हो जायेगा, निपट अकेला। ब्या कर ले। इतनों को अग्नि दे रखी है तूने, तुझे

---

1. चाचा, 2. दादा

भी तो कोई अग्नि देने वाला होना चाहिए भाऊ।"

कहते थे और इस विडम्बना की ओर न उनका ध्यान जाता था, न हरिया का कि गिरवाण दत्त जी हरिया के लिए सहारा नहीं हैं, वह तो उलटे उसके सहारे जी रहे हैं। जो हो, गिरवाण दत्त जी ने हरिया के विवाह की बात कभी गम्भीरता से नहीं की और जो लोग भी पुत्र के लिए रिश्ता लेकर आये पिता ने उनसे यही कहा, "भैया, उसी से पूछ लो कि वह ऐसे, क्या कहते हैं, निखद्दू[1] हालात में घर में बहू लाना चाहेगा?" और पुत्र से पूछा गया तो उसने हमेशा हाथ जोड़ दिये, "नहीं महाराज, मुझे नहीं करनी है शादी-हादी। अरे, आप ही बताइए, ऐसे में शादी करके अपनी दुल्हेनी को क्या जो सुख में दे पाऊँगा मैं?"

लाने वाले ऐसी गरीब असहाय लड़कियों के रिश्ते भी ले आये, जो सुखों से परिचित ही नहीं थीं और जिनके लिए कुँआरेपन के अभिशाप से मुक्ति ही बहुत बड़ा सुख हो सकता था, भले ही उसके लिए हरिया-जैसे अभागे मदुआ से ही जन्म-भर का गठजोड़ क्यों न करना पड़े। लेकिन हरिया नहीं माना। धीरे-धीरे बिरादरी में यह मान्यता प्रचलित हो गयी कि हरिया हरक्यूलीज या तो नपुंसक है, या शुकदेव मुनि की तरह यौन के सम्बन्ध में सर्वथा अबोध है। बिरादरी की स्त्रियों ने हरिया के समक्ष तब भी लज्जा-संकोच का कोई अनुभव नहीं किया, जब वह जवान था। हरिया स्वयं कभी इस बात से हैरान नहीं हुआ था कि जब बाकी सारे मर्द, औरतों में उत्ता रस लेते हैं, तब मुझे जो उनमें कोई खास बात-जैसी क्यों नहीं नजर आती होगी? लेकिन हैरानी का स्पर्श पा जाने पर आज वह इस बात पर भी हैरान हुआ।

आज वह इस विडम्बना पर भी हैरान हुआ कि जो बाबू पूरी तरह मेरे आसरे जी रहे ठहरे, वही अपने मर जाने के बाद मेरे बेसहारा हो जाने की बात क्यों जो करते होंगे? और जो वह यह कहते हैं कि शादी इसलिए कर ले भाऊ कि तुझे अग्नि दे सकने वाला बेटा पैदा हो सके, तो जब उस बेटे को भी मरना ठहरा, उसके लिए भी अग्नि देने वाले बेटे का सवाल उठना ठहरा

1. बेकार

एक दिन तब क्या बाँजी[1] पड़ रही है उसे पैदा करने की? ये जो तुम्हारे, क्या कहते हैं, योनि-लिंग अगर मरने वाले प्राणी ही पैदा करने वाले ठहरे, तो इन्हें पूजा क्यों जाने वाला ठहरा? किस सुख की बात करते हैं लोग? जो दुख को जन्म देता है, वह सुख कैसे कहा जाने वाला हुआ भाई?

हरिया के मन में ये हैरान करने वाले सवाल उठ रहे थे और वह यह सोच-सोचकर भी हैरान हो रहा था कि मेरे मन में ऐसे वाहियात सवाल क्यों जो उठ रहे होंगे? आज तक उसने रोगी की सेवा-शुश्रूषा और मृतक के अन्तिम संस्कार को छोड़ और किसी विषय पर न खुद कभी कुछ सोचा था और न किसी से पूछा था। हरिया को इस बात से भी हैरानी हुई कि ये सवाल उसके मन में अब उठ रहे हैं जब उसके आसपास एक भी ऐसा आदमी नहीं, जिससे वह निस्संकोच यौन-सुख के बारे में पूछ सके।

ऐसे मामलों में उसके एकमात्र पथ-प्रदर्शक थे उसके हमउम्र और हँसोड़ छोटे भिन्ज्यू[2] नरेन्द्र कृष्ण पन्त, जो पैदा होने और सफलता पाने की निरर्थकता प्रमाणित करते हुए अभी चार साल पहले अपनी पत्नी और इकलौते बेटे समेत अमेरिका में एक कार-दुर्घटना में मारे गये थे। वह हरिया से शुरू में अक्सर कहा करते थे कि सालिग्राम, तू तो अपना वीर्य स्वप्नदोष में बेकार में गँवा रहा है। उन्होंने ही हरिया की शादी कराने की कुछ गम्भीरता से कोशिश की थी। शायद करा भी देते, अगर उनकी पत्नी यह न कहती कि हरिया अगर अपनी दुल्हेनी का हो गया तो मेरे बाबू की कौन फिकर करेगा? मेरे भतीजे-भतीजियों को कौन पालेगा?

भिन्ज्यू ने ही उसे दो रंगीली औरतों के बारे में बताया था, जिनमें से एक हेमुली बोज्यू थीं। लेकिन जब हरिया उनसे वैसी बातें करने की हिम्मत नहीं कर पाया तब उन्होंने वीर्य के भीतर-ही-भीतर ब्रह्माण्ड में चढ़ जाने से आदमी के पागल हो जाने के खतरे की ओर उसका ध्यान दिलाकर कहा कि सालारजंग, तुम औरतों के पास जाने से घबराते हो, तो अपनी मदद अपने-आप करो। अपना हाथ जगन्नाथ! कहो, कैसी कही?

पागलपन से भी अधिक स्वप्नदोष के भय से हरिया ने वीर्य को

---

1. आवश्यकता, 2. जीजा

शिरोरूढ़ न होने देने की छोटे भिन्ज्यू की सलाह शिरोधार्य करने का यत्न किया भी। लेकिन कल्पना के अभाव में वह अपेक्षित उत्तेजना को प्राप्त हो सकने में सदा असमर्थ रहा। भिन्ज्यू की बताई हेमुली और सरुली का नाम-जाप, भिन्ज्यू के सुनाये हुए किस्सों का स्मरण और भिन्ज्यू की दी हुई खराब कागज पर अधटूटे टाइप से छपी हुई एक अश्लील पुस्तिका का मनन, उसकी कमजोर कल्पना को कोई सहारा न दे पाये। आत्मरति भी विधाता ने मानो उसके भाग में लिखी नहीं थी। भिन्ज्यू से कोई और राह सुझाने की प्रार्थना करने का अवसर नहीं मिला क्योंकि विदेश मंत्रालय में क्लर्क लगे हुए नरेन्द्र कृष्ण पन्त ने तिकड़म से पहले वाशिंगटन तबादला करा लिया, फिर किसी तिकड़म से अमेरिका में ही बस गये और अन्ततः बगैर किसी तिकड़म के पुत्र-पत्नी समेत परमात्मा को प्यारे हो गये।

भिन्ज्यू के मरने के दिन सभी लोग यह कह रहे थे कि विश्वास-जैसा नहीं होता कि नरेन्द्र-जैसा जिन्दादिल इंसान जाता रहा है और उसकी वह सदा मुस्कराने वाली दुल्हेनी रमा भी! तब हरिया दूसरें लोगों की तरह हैरान नहीं हुआ था। लेकिन आज सोच-सोचकर हुआ कि नरेन्द्र भिन्ज्यू, जो भोग-विलास के उतने शौकीन ठहरे, भोग-विलास की इस रंगीली दुनिया से तब उठा लिए गये जब वह अमेरिका में जमकर भोग-विलास करने का अवसर पा रहे थे। अगर भोगने वाला भी मौत द्वारा भोगा जाने वाला ठहरा आखिर में, अगर यह भोग-विलास की दुनिया निस्सार ठहरी तो उसे क्या पूजना जो, क्या नाम कहते हैं, भोग-विलास का खास हथियार ठहरा?

हरिया का दिमाग चकराने लगा। उसने फैसला किया कि डॉक्टर नीलाम्बर से ही पूछ लूँगा। थोड़ी बेतकल्लुफी-जैसी ठहरी ही उसके साथ। डॉक्टर है, इसलिए उसकी नॉलेज भी औरों से बैटर ही होगी।

तालकटोरा रोड में डॉक्टर नीलाम्बर के क्वार्टर के आगे साइकिल रखकर जब हरिया ने कॉलबेल दबायी तब उसे यह नहीं पता था कि उसकी गुत्थी सुलझनेवाली नहीं है। वह खुद बिरादरी के लिए एक गुत्थी बन जाने वाला है अब।

•

डॉक्टर नीलाम्बर के क्वार्टर में उस समय वयोवृद्ध गणेशं दत्त शास्त्री भी मौजूद थे, जो हमारी बिरादरी के कर्मकाण्ड में आचार्य पद पर आसीन होते आये थे। उनकी उपस्थिति में लिंग का प्रसंग उठाते हुए हरिया को संकोच हुआ। तो पहले उसने गणेश दत्त जी के स्वास्थ्य के बारे में जिज्ञासा की, जिससे आचार्य अप्रसन्न हुए, बोले, "डॉक्टर के यहाँ हमारे आने का यही अर्थ लगाओगे कि बुढ़ज्यू[1] बीमार हैं, तो अनर्थ हो जायेगा हरिया।"

फिर उसने डॉक्टर नीलाम्बर से जानना चाहा, "तबीयत कैसी चल रही है तुम्हारी आजकलों?"

और जवाब इस बार भी अप्रसन्न आचार्य ने दिया, "डॉक्टरों की तबीयत खराब होने लगी तो रोगियों का उपचार कौन करेगा मूर्ख जड़-पदार्थ?"

तो हरिया ने अपने बाबू का स्वास्थ्य-बुलेटिन जारी करते हुए अटके हुए मल की समस्या प्रस्तुत की। इस पर नीलाम्बर से पहले शास्त्री जी बोल पड़े, "अरे मल तो अटकता ही है, लेकिन यह समझ में नहीं आ रहा है कि राय सैप के लिए अब यहाँ अटके मल के अतिरिक्त और क्या धरा है, जिसके मोह में उनके प्राण अटके हुए हैं? दवा-दारू बन्द करो उनकी। मुँह में गंगाजल डालते जाओ और उन्हें शान्ति से मरने दो।"

नीलाम्बर ने कहा, "ये आप कैसी बात कर रहे हैं शास्त्री जी, डॉक्टर का धर्म तो अन्तिम क्षण तक बीमार की जान को बचाने की कोशिश करते रहना ठहरा है।"

फिर हरिया का कन्धा थपथपाते हुए उसने कहा, "मैं शाम तक एक चक्कर लगा जाऊँगा दाज्यू[2]। वैसे तुम भी इस बीच गुनगुने साबुन मिले पानी का एनीमा देके देखना।"

हरिया को अपने ही व्याकरण के अनुसार अब उठकर चला जाना चाहिए था क्योंकि उस दिन तो नीलाम्बर के यहाँ जाने की ही बारी नहीं थी। राय सैप के अटके हुए मल की वजह से आ गया था। लेकिन हरिया गोबर में थापा हुआ-जैसा बैठा ही रहा और जनसंघी शास्त्री जी और मार्क्सवादी

---

1. बुड्ढे जी, 2. भाई जी

डॉक्टर नीलाम्बर की तिब्बत पर चीन के अधिकार के बारे में गरमागरम बहस आँख, और शायद कान भी, मीचकर सुनता रहा। हैरान होकर नीलाम्बर ने उससे चाय के लिए पूछा। हरिया ने मना कर दिया और व्याकरण-विरुद्ध आचरण दर्शाते हुए फिर भी उसी तरह बैठा बहस सुनता रहा, जिसका विषय बदलकर अब पटेलवाद बनाम नेहरूवाद हो चला था।

हरिया को झपकी-जैसी लग गयी है, ऐसा मानकर नीलाम्बर ने उसे हिलाया और कहा, "कोई बात न करनी हो तो घर जाकर आराम करो दाज्यू।" हरिया ने आँखें खोलीं और घर लौटने की जल्दी को ध्यान में रखकर, अपने संकोच पर विजय पाते हुए वे प्रश्न एक के बाद एक दागने शुरू किये, जो अतुल और बन्नो के मुँह से गूमालिंग शब्द सुनकर उसके मन में उठने लगे थे। उसने पहला ही प्रश्न गू का लिंग पूजे जा सकने की सम्भावना को लेकर उठाया इसलिए हमारी बिरादरी में आज तक यही कहा जाता है कि हरिया हरक्यूलीज बिचारा गू के बारे में सोच-सोचकर जोगी हो गया। दुख ही दुख देखे, सुख कभी भोगा नहीं। जिन्दगी कट गयी बीमार बाबू का गू निकालते। फिर जोगी भी हुआ तो गू के लिंग के ही बारे में सोचते हुए।

हालाँकि हरिया ने मानव-शरीर बनाम मशीन और व्यक्ति बनाम व्यक्ति का मस्तिष्क, मैं बनाम मेरा ही जैसा कोई एक-दूसरा आदि अनेक वैज्ञानिक-दार्शनिक मसले उठाये तो भी अधमतम गू को ही हमारी बिरादरी की चर्चाओं में उच्चतम महत्त्व मिला और हेमन्त-जैसे लोगों ने तो शास्त्री जी के हवाले से यहाँ तक कह दिया कि हरिया ने यह भी पूछा कि क्या मेरे बाबू का अटका हुआ मल भी पूजनीय है? हालाँकि डॉक्टर नीलाम्बर ने इसका कई बार खण्डन किया और शास्त्री जी भी बोले कि ठीक-ठीक ऐसा ही कहा इसकी मुझे याद नहीं है, लेकिन कहा कुछ ऐसा ही।

डॉक्टर नीलाम्बर ने हरिया के पहले सवाल का जवाब देते हुए जैसे ही यह कहा, "लिंग और योनि की प्रजनन-प्रतीकों के रूप में दुनिया के कई और देशों में भी पूजा होती थी, हमारे यहाँ अब भी हो रही है। और जहाँ तक गू को पूजने का सवाल है, हमारे यहाँ किसी भी चीज को अपवित्र माना ही नहीं गया है।" वैसे ही शास्त्री जी ने उसे परे धकेलते हुए मोर्चा सँभाल लिया।

पहले उन्होंने डॉक्टर नीलाम्बर की ओर देखकर कहा, "अपने धर्म के बारे में अंग्रेजों की पोथियाँ पढ़ोगे तो ऐसा ही अनर्गल प्रलाप करोगे। लिंग का अर्थ शिश्न नहीं है। उसका अर्थ है सृष्टि और संहार के कारण का बोध कराने वाला चिह्न। और सब चीजों को पवित्र मानते हैं का अर्थ यह नहीं है कि अपने ही मल का पूजन करते हैं! अपने मार्क्स देवता का नाम लेकर हमारे गूढ़ातिगूढ़ विषयों की ऐसी गू-व्याख्या मत करो डॉक्टर!"

फिर वह अपनी जगह से उठकर हरिया के पास आये और उसके पास बैठकर, उसके कन्धे पर हाथ रखकर, उन्होंने शान्त-संयत स्वर में कहा, "तुम्हारे बाबू तुम्हें मदुआ कहते हैं हरिया और तुम्हारी भलाई इसी में है कि मदुआ ही बने रहो। विद्वान बनने के लिए एक समय में एक ही प्रश्न गुरु के समक्ष उठाना पड़ता है और उसका कामचलाऊ सन्तोषजनक उत्तर मिल जाने पर दूसरा प्रश्न उठाना होता है। सिद्ध बनने के लिए आजीवन एक ही प्रश्न से जूझना पड़ता है। हर विद्वान् जानता है कि सभी प्रश्न अन्ततः एक ही प्रश्न में समाहित हैं। जो तुम्हारी तरह नानाविध प्रश्न एक साथ उठाता है, वह पागल कहलाता है भाऊ।"

इस प्रकार नीलाम्बर और हरिया दोनों को बारी-बारी ध्वस्त करने के बाद शास्त्री जी ने एक समय में एक सवाल उठाते हुए चीनियों की आक्रामकता के सामने नेहरू जी की नपुंसकता के सवाल पर चर्चा फिर शुरू करनी चाही कि तभी दो बातें हुईं—पहली यह कि हेमन्त अपने बीमार बड़बाज्यू को किसी पड़ोसी के सुपुर्द करके हरिया कक्का को ढूँढ़ता हुआ डॉक्टर नीलाम्बर के यहाँ पहुँचा। और दूसरी यह कि उसके यह बताते ही कि 'बड़बाज्यू ने तुम्हारे वास्ते चिचाट[1] मचा रखी है कक्का', हरिया को एक विचित्र फिट-जैसा पड़ा, जिसमें मिर्गी के दौरे के भी कुछ लक्षण थे। वह सोफा से गिर पड़ा और फर्श पर छटपटाता रहा। छटपटाता ही रहता तो डॉक्टर नीलाम्बर मिर्गी का केस मान लेता। लेकिन उसे यह देख-सुनकर हैरानी हुई कि हरिया दाज्यू बड़बड़ा भी रहे हैं और सो भी अंग्रेजी में, जिसका वह दफ्तर तक में बोलने में कभी इस्तेमाल नहीं करते थे। बड़बड़ाते हुए वह

1. शोर

अपने को गूमालिंग आस्ट्रेलिया के गैरी का बेटा हैरी बता रहे थे और हेमन्त से भेड़ों के बारे में पूछ रहे थे। आगे भी जब-जब हरिया हरक्यूलीज को फिट पड़ा, वह गूमालिंग का आस्ट्रेलियाई हैरी बनकर ही बोला। ऐसी अंग्रेजी में, जो हम लोगों की समझ से परे थी। आस्ट्रेलिया की न्यारी अंग्रेजी जो हुई।

शास्त्री जी ने इसे प्रेतबाधा का मामला ठहराया, लेकिन वैज्ञानिक दृष्टि से सम्पन्न डॉक्टर नीलाम्बर को यह स्वीकार नहीं हुआ। वह शास्त्री जी से इस विषय में भी सहमत नहीं हुआ कि हरिया को मिर्गी के उपचार के लिए जूता सुँघाना चाहिए और प्रेतबाधा के उपचार के लिए जूतों से मारा जाना चाहिए। उसने अतुल से हुई हरिया दाज्यू की बात के सन्दर्भ में इसे कोई अनहोनी बात नहीं ठहराया कि वह अपने को गूमालिंग के गैरी का बेटा हैरी समझ रहे हैं।

डॉक्टर नीलाम्बर हरिया को अपनी गाड़ी में डालकर अस्पताल ले गया और शास्त्री जी को हेमन्त से यह चर्चा करने का अवसर मिला कि तुम्हारे हरिया कक्का प्रेत-बाधा-ग्रस्त होकर पगला गये हैं। प्रेत-बाधा-ग्रस्त होने के प्रमाण-स्वरूप उन्होंने हेमन्त से कहा, तुम पाओगे तुम्हारे कक्का के भीतर से कोई और ही बोल रहा है। तुम्हारे आने से पहले उन्होंने यहाँ ऐसी-ऐसी बातें कीं कि सुनकर हम दंग रह गये। हेमन्त को, जो हरिया कक्का को पहले भी अधपगला मानता आया था, उन्हें बाकायदा पागल घोषित कराने का प्रमाण मिलने पर प्रसन्नता ही हुई होगी, क्योंकि हेमन्त राय सैप के परिवार की तमाम बहुओं और कई नाती-पोतों की तरह यह मानता आया था कि उजड़ गयी मगर फिर भी दिल्ली की तर्ज पर गिरवाण दत्त जी के पास अब भी खासी धन-सम्पदा है। इस सिलसिले में उनके पिटार की अक्सर चर्चा की जाती थी जिसे वह कभी आँखों से ओझल नहीं होने देते।

हेमन्त के आई० ए० एस० पिता ने और स्वयं हेमन्त ने कई बार राय सैप से कहा था कि अगर पिटार में कोई जेवर-पैसा है, जरूरी कागजात हैं, तो बैंक के लॉकर में रखवाने को दे दीजिए, लेकिन राय सैप पिटार के बारे में बात करने वाले पर फुफकार उठते थे। वह फौलादी चेनों से बँधे हुए और एक मोटा ताला लगे हुए इस पिटार को कभी खोलते भी नहीं थे। कभी-कभी बिरादरी वालों को यह सन्देह होता था कि कहीं इस पिटार में कोई जहरीला नाग-हाग तो नहीं है? शायद इसी भय से किसी ने पिटार को चोरी कर लेने

का अथवा चोरी से खोलकर देखने का दुस्साहस नहीं किया। खोलकर देखना इसलिए भी मुश्किल था कि राय सैप पिटार के ताले की चाबी किस खुफिया जगह में छिपाकर रखते हैं—इसका छेद-भेद[1] किसी को पता नहीं था। यों हेमन्त की तरह बिरादरी के कुछ लोगों के मन में यह सन्देह था कि राय सैप ने चाबी का अता-पता हरिया को दे रखा है क्योंकि उन्हें विश्वास है कि वह मदुआ हेरा-फेरी कर नहीं सकता। हरिया की जिन बातों पर अब तक हैरान न होने से सारी बिरादरी हैरान थी, उनमें से एक यह भी थी कि उसी को, और केवल उसी को, पिटार के बारे में पूछने या जानने की कोई इच्छा नहीं है। हेमन्त अगर उसकी-जगह होता तो अब तक बड़बाज्यू को बहला-फुसलाकर सब कुछ पूछ ही नहीं चुका होता, पिटार के भीतर का खजाना भी हासिल कर चुका होता।

हेमन्त शास्त्री जी को अपने हरिया कक्का के पागल होने के और भी प्रमाण देता रहा। उस अराजक के लिए तो उनका हर बात में अपने बनाये हुए नियमों से जरा भी विचलित न होना—यथा वह तीन ही रोटी खाते थे, कभी दो या चार नहीं और हर ग्रास को गिनकर बत्तीस बार चबाते थे—उनके पागल होने का सबसे बड़ा प्रमाण था। वह चाहता था कि कक्का पागल घोषित कर दिये जायें ताकि पिटार का वारिस मैं बन जाऊँ।

लेकिन डॉक्टर नीलाम्बर और उसके आग्रह पर बुलाए गये दो विशेषज्ञों ने हेमन्त को निराश किया। दो दिन तक अस्पताल में अपनी निगरानी में रखने और तरह-तरह की जाँच कराने के बावजूद डॉक्टर लोग हरिया के रोग का कोई सुनिश्चित निदान नहीं कर पाये। लेकिन वे न हेमन्त की तरह यह मानने को तैयार हुए कि हरिया पगला गया है और न हरिया की यह बात मानने को कि मुझे कुछ भी नहीं हुआ है। हरिया को अपने से ज्यादा चिन्ता अपने बाबू की थी, इसलिए वह जिद करके लौट गया। डॉक्टरों ने उसे पूरी तरह आराम करने की सलाह दी और विस्तृत जाँच-पड़ताल के लिए छुट्टी लेकर फिर जल्दी-से-जल्दी अस्पताल में भर्ती हो जाने को कहा।

•

---

1. सुराग

घर में कदम रखते ही हरिया के लिए स्पष्ट हो गया कि आराम की बात भुला ही देनी चाहिए। बाबू की हालत पहले से भी ज्यादा गिरी हुई नजर आयी उसे। वह इतनी मौतें देख चुका था कि शायद किसी की मौत को आने से पहले ही सूँघ लेता था। तो डॉक्टर नीलाम्बर के लाख कहने पर और हेमन्त के समझाने पर भी वह अपने बाबू के सिरहाने से हटा नहीं। राय सैप जो अनगिनत बार मूढ़ हरिया के जीवित रह जाने पर दुख और आश्चर्य प्रकट करते रहे थे, अब उसके अपने से भी पहले मर जाने की आशंका से घबराकर फूट-फूटकर रो रहे थे। पूछ रहे थे कि क्या मुझे अग्नि देने के लिए, मेरा श्राद्ध-तर्पण करने के लिए पाँच पांडवों में से एक भी बचा नहीं रहेगा? डॉक्टर नीलाम्बर ने उन्हें आश्वस्त किया कि ऐसी घबराने की कोई बात नहीं है। कभी-कभी ऐसे भी चक्कर आ ही जाता है।

लेकिन गिरवाण दत्त जी के कमरे से बाहर कदम रखते ही डॉक्टर नीलाम्बर ने हेमन्त को अलग ले जाकर बता दिया कि भले ही ठीक से कुछ पता न चल पाया हो, तेरे कक्का के लक्षणों को देखकर जिन दो बीमारियों की बात स्पेशलिस्टों के मन में उठी है, वे दोनों ही सीरियस हैं। तू इन्हें नींद की गोली खिलाकर सुला दे और बराबर इस बात का ध्यान रख कि आइन्दा भी इन्हें पूरा आराम मिले।

लौटकर हेमन्त ने देखा कि कक्का बदस्तूर बड़बाज्यू की सेवा में जुट गये हैं। वह पलंग पर उनके सिरहाने बैठकर उनके कन्धे और बाँहें दबा रहे हैं। हेमन्त ने हरिया को पानी का गिलास और नींद की गोली दी कि डॉक्टर ने खिलाने को कहा है। आदत से मजबूर हरिया वह गोली अपने पिता को खिलाने लगा। हेमन्त ने टोका और कहा कि यह आपके लिए है, बड़बाज्यू के लिए नहीं। इसे खाकर अब आप आराम कीजिए। डॉक्टर आपके लिए कम्प्लीट बेड रेस्ट बता गया है।

इस पर गिरवाण दत्त जी ने नये सिरे से रोना शुरू कर दिया। हरिया ने गोली निगल ली मगर हेमन्त को झिड़का, "मुझे कुछ नहीं हो रहा है। तू इस तरह की फालतू बात करके क्यों बड़बाज्यू की घबराहट बढ़ा रहा है रे?"

गिरवाण दत्त जी बोले, "जो डॉक्टर ने इससे कहा होगा वही दोहरा रहा होगा। डॉक्टर की बात को बेकार बात कैसे कहता है तू मदुआ? मैं

सब समझ गया हूँ रे, तू भी मुझसे धोखा करने वाला है।"

"अरे कुछ नहीं बाबू, नीलाम्बर के घर जाते हुए मैं कुछ ज्यादा ही सोच-विचार करता रहा था। दिमाग थक जाने से चक्कर-जैसा आ गया।"

"तेरे दिमाग भी है मदुआ, जो तू सोच-विचार करके थक जाता?" गिरवाण दत्त जी खीझे।

"हाँ-हाँ, वही तो मैं कह रहा हूँ बाबू कि दिमाग मेरा कमजोर ठहरा, इसलिए जरा-सा सोच-विचार करने से ही चक्कर आ गया।"

"किस बारे में सोच-विचार किया तूने?"

"गूमालिंग के बारे में।" हरिया ने हिचकिचाते हुए कहा, मगर कहकर अपनी नजरें पिता के चेहरे पर गड़ा दीं कि उनकी क्या प्रतिक्रिया होती है?

गूमालिंग का नाम सुनते ही रांय सैप का चेहरा ही फक नहीं हो गया, कमरे की रोशनी भी घट-जैसी गयी—ऐसा दावा किया हरिया ने बाद में। हेमन्त ने इस दावे का पुरजोर खण्डन किया।

हरिया के अनुसार राय सैप बुदबुदाये, "गूमालिंग का श्राप तुझे कैसे पता चला? सौ साल जीओगे, सौ वियोग देखोगे—ऐसा कह गया था वह पुजारी। मैं गिनता रहा हूँ। निन्यानबे मौतें देख चुका हूँ घर में, बिरादरी में। सौवीं में तुझे तो नहीं मार रहा होगा वह कहीं? हरिया, जरा और मेरे पास आ तो भाऊ?"

हरिया पास गया और राय सैप ने अपने थोड़ी-बहुत ताकत वाले दायें हाथ से उसका हाथ पकड़कर अपनी गर्दन पर रख दिया और फुसफुसाये, "मुझे मार दे भाऊ, गला घोंट दे मेरा। वह तुझे मारे, उससे पहले मुझे मार दे रे। मार दे भाऊ!"

हरिया अपना हाथ छुड़ाकर खड़ा हो गया और घबराकर अपने घबराये बाबू को देखता रहा। वह दुहराये चले जा रहे थे, "मुझे मार दे भाऊ, मार दे।"

हेमन्त हरिया का हाथ पकड़कर उन्हें खींचकर बाहर ले जाने लगा कि अपने कमरे में जाकर आराम कीजिए, बड़बाज्यू के हाथ-पाँव मैं दबा दूँगा। लेकिन हरिया विरोध करता रहा। इसके जवाब में राय सैप कहने लगे कि तेरी तबीयत तो मुझसे भी ज्यादा खराब है। तुझे तो मुझसे भी पहले मार देने

के लिए तैयार बैठा है गूमालिंग। इसीलिए कह रहा हूँ मदुआ कि मेरा गला घोंट दे।

हरिया को कमरे से बाहर भेजने के लिए हेमन्त को कहना पड़ा कि नहीं जाओगे तो बड़बाज्यू ऐसे ही प्रलाप करते रहेंगे। न इन्हें आराम मिल सकेगा, न तुम्हें। तो हरिया अपने कमरे में आराम करने के लिए गया मगर यह आश्वासन लेकर कि जरूरत पड़ने पर मुझे फौरन बुला लेना।

लेकिन हरिया लेटे-लेटे हैरान ही होता रहा। उसकी हैरानी इसलिए और बढ़ गयी थी कि उसने ऐसे ही फालतू सोच-विचार करके गूमालिंग के बारे में जों अटकल लगायी थी, वह सच साबित हो रही थी। गूमालिंग कोई खतरनाक देवता था। आखिर उसने क्यों ऐसा श्राप दिया होगा बाबू को? हरिया यह भी सोच रहा था कि वह जो वहाँ आस्ट्रेलिया के गूमालिंग में बैठा हुआ मेरा हमशक्ल है, क्या उसके डैडी को भी कोई ऐसा ही 'कर्स' लगा हुआ है? अब जो उसने गूमालिंग में बैठे हुए दूसरे का स्मरण किया तो उसके मस्तिष्क में उभरने वाले उस पिता-पुत्र बिम्ब में पिता नाटकीय ढंग से गर्दन मोड़कर पुत्र से गला घोंट देने की प्रार्थना कर बैठा। वह हू-ब-हू गिरवाण दत्त जी जैसा ही लगा हरिया को।

तो क्या बिम्ब में वह जो पीठ दिये बैठा था, हरिया ही था? यहाँ गोल मार्केट में भी, वहाँ गूमालिंग में भी? फिर हरिया को यह सोचकर हैरानी हुई कि जैसा तूफान इस समय हमारे यहाँ मचा हुआ है, क्या वैसा ही दुनिया की उन-उन जगहों में मचा हुआ होगा, जिन-जिन में हम बाप-बेटा रहते होंगे? और क्या वहाँ भी बाहर की एक पूरी दुनिया इस कोहराम से बेखबर अपने काम-धन्धे में जुटी हुई होगी, जैसे यहाँ गोल मार्केट में जुटी हुई है इस समय?

हरिया, जिसे नींद अब उबासी दे-देकर बुलाने लगी थी, उठा और अपना दाढ़ी बनाने वाला आईना उठा लाया। उसमें निहारता रहा उस दूसरे को। उससे उसने कुछ पूछा और उसने उससे भी। उससे अंग्रेजी में बात करते-करते हरिया को नींद आ गयी। वह गूमालिंग वाले गैरी का बेटा हैरी था।

हेमन्त ने जब बड़बाज्यू को सुलाकर कक्का के कमरे में झाँका तब

उन्हें बिजली जलाये और आईने को सीने से लगाये सोया पाया। बिजली बुझाते हुए उसने इसे भी कक्का के पागलपन का नमूना माना। सच तो यह है कि हरिया की आईने से आसक्ति आने वाले दिनों में काफी बढ़ गयी और जो हरिया केश सँवारने तक के लिए आईना नहीं देखता था, अक्सर आईने में अपने को निहारता रहकर लोगों को हैरान करता रहा। फिर हेमन्त ने बड़बाज्यू के कमरे में जाकर पिटार की चाभी की खोज शुरू की। चाभी नहीं मिली। खोजते-खोजते वह थक गया। उसे भी नींद आ गयी।

•

शायद वृद्ध गिरवाण दत्त जी से गिनती करने में कुछ गलती हो गयी थी या फिर उनकी याददाशत उन्हें धोखा दे रही थी—श्राप देने वाले ने निन्यानबे ही मौतें देखने की बात कही थी, सौ की नहीं। या क्या पता श्राप वाली बात उनके बीमार दिमाग की एक बेबुनियाद उपज भर थी, बहरहाल वह हरिया से पहले मरे और सो भी अगले ही दिन सुबह छह बजे।

हेमन्त ने हिला-हिलाकर हरिया को उठाया और बताया कि बड़बाज्यू खतम हो गये। कुछ देर तक उसकी समझ में नहीं आया और आया तो वह हड़बड़ाकर उठा और दौड़ा-दौड़ा पिता के कमरे में पहुँचा। पिता की नाड़ी टटोली। नहीं मिली। और उसके दिमाग में एक बेतुका-सा सवाल उठा कि क्या गूमालिंग आस्ट्रेलिया और गूमालिंग हरमौर में भी मेरे बाबू की नाड़ी बन्द हो गयी होगी? फिर हरिया इस बात को देखकर हैरान हुआ कि राय सैप ने अपना चेहरा उसी तरह तकिये में छिपा रखा है जिस तरह किसी और से अपना मल निकलवाते समय छिपाये रखते थे। प्राण निकलते समय मुँह क्यों छिपाया? या कि प्राण निकले ही इसलिए कि उनकी नाक तकिये से दब गयी? अपने-आप दब गयी? या उन्होंने खुद दबा ली? या किसी और ने दबा दी? किसने?

हरिया ने हेमन्त की ओर देखा और हेमन्त ने कुछ घबराते हुए अपनी गर्दन घुमा ली और बोला, "मैं तार कर आता हूँ।" लेकिन उसके गर्दन घुमाने

से पहले हरिया ने देख लिया कि वह भी राय सैप की तकिये में धँसी नाक को ही देख रहा था।

"इन्हें नीचे तो रखवाता जा।" हरिया ने कहा, "और तार किसे करेगा तू? हमारे जितने भी दस दिनिया[1] हैं, उनमें तीन को छोड़ सभी यहाँ दिल्ली में ही हैं। ठुल दीदी का बेटा महेश इंगलैंड में ठहरा। रहा मझिलदा का बेटा प्रफुल्ल, वह सिन्ध्याणी[2] से शादी करके जब से अलग हुआ है, कभी आया भी है, जो अब आयेगा?"

हेमन्त ने शव को उतारकर फर्श पर रखने में कक्का की मदद करते हुए कहा, "हमें तो अपना फर्ज निभाना ही हुआ। और दिल्ली वालों को भी फोन तो करने ही ठहरे।"

मुँह में गंगाजल, तुलसीदल, सिरहाने पर दीया और धूप, ये सब करते हुए हरिया के मन में हैरानी बढ़ाने वाले तमाम तरह के सवाल उठते रहे। कहीं ऐसा तो नहीं कि बाबू ने जानबूझकर तकिये में अपनी नाक धँसायी कि दम घुट जाये और हरिया के मुझसे पहले मर जाने का खतरा टल जाये? क्या अपनी जान खुद लेते हुए बाबू ने वह जो भी है, गूमालिंग-हूमालिंग, उससे कहा होगा कि भैया, सौवीं मौत मैं यह खुद अपनी ही देख ले रहा हूँ, अब तो तू मेरे हरिया की जान बख्श देना। बाबू की इतनी बड़ी कुर्बानी की बात सोचकर उस हरिया की आँखों में आँसू आ गये जो अब तक अपने किसी स्वजन की मृत्यु पर नहीं रोया था।

फिर हरिया को लगा कि हेमन्त कुछ अजीब-ही-सी निगाह से मुझे देख रहा है। उसके ओंठों पर दबी-दबी-जैसी मुस्कान-सी है और उसकी आँखों में कोई बड़ी चालाक-सी जिज्ञासा। हरिया ने उससे निगाह मिलाकर पूछा, "क्या बात है रे हेमन्त?"

हेमन्त बोला, "मैं पिटार की चाभी के बारे में सोच रहा था कक्का। तुम्हें तो पता ही होगा वह कहाँ है?"

सहसा हरिया के मन में एक बात कौंधी—कहीं ऐसा तो नहीं कि इस हेमन्त ने ही बाबू को उनकी नाक तकिये से दबाकर खत्म कर दिया? यह

---

1. जो दस दिन शोक मनाते हैं, नजदीकी बिरादर, 2. सिन्धी स्त्री

सोचकर कि पिटार की चाभी हथिया लूँगा और पिटार का माल हड़प जाऊँगा? इसने ऐसी क्या दवा मुझे खिलायी कि मैं पड़ा सोया रह गया?

हरिया ने अपनी शंका मुखर की, "क्यों रे हेमन्त, तूने रात मुझे वह क्या दवा दी रे? नींद की गोली?"

"हाँ!" हेमन्त ने निस्संकोच स्वीकार किया, "डॉक्टर नीलाम्बर ने दी थी कि सोकर दिमाग को आराम दोगे तभी ठीक होगे कक्का। उसे पता ही ठहरा कि तुम तो रात मुश्किल से चार घण्टा सोते रहे हो कई सालों से, बड़बाज्यू की तीमारदारी की वजह से।"

हेमन्त के सहज स्वीकार के बाद हरिया ने अपने को धिक्कारा। वह फिर रोने लगा। कुछ यह सोचकर रोने लगा कि अब मुझे बाबू की तीमारदारी के लिए रात में जागना नहीं पड़ेगा और कुछ यह सोचकर कि मैं हेमन्त के बारे में इतनी बुरी बात सोच रहा था। उसे हैरानी हुई कि मेरे दिमाग में ऐसे ख्यालात कहाँ से जो आ रहे होंगे? क्यों जो आ रहे होंगे?

फिर उसके दिमाग में एक विचित्र-सा सवाल यह उठा कि क्या ऐसे ही विचार उसके मन में भी उठ रहे होंगे जो गूमालिंग में है? ऐसा विचार उठने के बाद उसके मस्तिष्क में गूमालिंग के अपने घर का जो बिम्ब उभरा, उसमें पिता तो वैसे ही पहले की तरह मुँह छिपाये थे तकिये में, लेकिन पुत्र की हिलती-डुलती पीठ उसके सुबकने का आभास दे रही थी।

हरिया के दिमाग में एक और विचित्र सवाल उठा। क्या उसे गूमालिंग वाले को तार भेजना चाहिए? या कि वह उसे तार देके बुलायेगा? लेकिन जब मुझे उसका पता मालूम नहीं है तब उसे मेरा नाम कैसे मालूम होगा? हरिया बुदबुदाया कि पता जो मालूम होता तो गूमालिंग वाले को भी तार कर देते।

हेमन्त ने हरिया को हैरानी से देखा और पूछा, "क्या कहा कक्का?"

हरिया को अहसास हुआ कि उस दूसरे की बात किसी दूसरे को समझा सकना असम्भव है। इसलिए उसने बातचीत का रुख दाह-संस्कार की सामग्री के लिए पैसों के सवाल की ओर मोड़ दिया और इस सिलसिले में हेमन्त से उन पैसों का हिसाब माँगा, जिन्हें निकालने के लिए उसे अस्पताल में चैक दिया गया था।

हेमन्त वह पैसा शराब और जुए में खर्च कर चुका था इसलिए उसने हिसाब देने की बजाय कहा, "बड़बाज्यू मुझसे कह गये हैं कि मुझे फूँकने के लिए पैसा मेरे पिटार में से निकाल लेना। तभी मैं पिटार की चाभी के बारे में पूछ रहा था कक्का।"

सुनकर हरिया को हैरानी हुई। उसने पूछा, "कब कह गये?"

"मरने से पहले।" हेमन्त ने कहा, "तुम्हारे लिए आवाज लगा रहे थे। सुनकर मैं पहुँचा। देखा, वैसा जोर-जैसा लगा रहे हैं जैसा टट्टी के लिए लगाते हैं लोग-बाग।"

"चार बजे की बात होगी। रोज चार बजे टट्टी जाने का नियम था उनका।"

"नहीं, जब मैं तुम्हें जगाने आया, उससे पाँच मिनट पहले की बात है कक्का।"

"तूने मुझे नींद की गोली खिला दी। खुद भी सोया रहा। बाबू बिचारे घण्टों टट्टी जाने के वास्ते तड़पते रहे होंगे।" हरिया क्रोध से चीखा।

"उन्हें टट्टी नहीं लग रही थी।" हेमन्त ने सफाई दी, "मैंने पहला सवाल ही उनसे यह पूछा कि टट्टी जाओगे? वह बोले, नहीं भाऊ, मैं तो अब ऊपर ही जाऊँगा। हरिया से कहना कि मेरे क्रिया-कर्म और अपने इलाज के वास्ते पैसा पिटार में से निकाल लेना। चाभी की जगह उसे पता है। ऐसा भी कह जा रहे हैं कि उसके बाद जो भी पैसा बचे तू ले लेना क्योंकि तेरे हरिया कक्का तो जोगी-जैसे हैं, उन्हें क्या चाहिए पड़ रहा है?"

हिरन की खाल से बने अपने उस रहस्यमय पिटार की चाभी राय सैप किस खुफिया जगह में छिपाकर रखते थे यह हरिया को अच्छी तरह पता था। लेकिन वह मुकर गया। उसने कहा, "न मुझे वह खुफिया जगह पता है और न कोई यह चाभी को ढूँढ़ने का बखत ठहरा। तू तार और फोन करने को कह रहा था, पहले जाकर वही कर।"

हेमन्त के मन में सन्देह का बीज पड़ गया। लेकिन जब हरिया ने कहा कि तू नहीं जाना चाहता तो मैं ही चला जाता हूँ, तब उसे शरमा-शरमी उठ ही जाना पड़ा। उसका सन्देह पूरी तरह दूर करने के लिए हरिया भी उसके साथ बाहर आ गया और अपनी साइकिल उठाकर पास-पड़ोस में खबर करने चल

पड़ा। लेकिन केवल एक ही घर में खबर करके और उसी के लोगों पर दूसरे पड़ोसियों को भी खबर कर देने की जिम्मेदारी डालकर हरिया फौरन अपने बाबू के कमरे में लौट आया।

कमरा भीतर से बन्द करके उसने राय सैप का पहलवान छाप लाल लंगोट खोला, जिसमें वह पिटार की चाभी छिपाकर रखते थे। लंगोट में चाभी के साथ-साथ मल का एक टुकड़ा भी उसे मिला। पहले हरिया ने यह सोचा कि पिटार हेमन्त के लौटने तक न खोलूँ। लेकिन फिर उसके मन में यह विचार आया कि कहीं उसमें भी मल के टुकड़े-जैसी कोई चीज न हो। आखिर बाबू अपने जीते-जी किसी को भी, कभी भी, वह पिटार खोलकर क्यों नहीं देखने देते थे?

तो उसने पिटार खोल लिया। पिटार में कुछ थैलियाँ थीं, जिन्हें खोलने पर चाँदी और सोने के पुराने सिक्कों की चमक से उसकी आँखें चौंधिया गयीं। उसमें एक डिबिया थी जिसमें छह बड़े-बड़े रत्न रखे हुए थे। एक बड़ा बाजूबन्द, दो मर्दाना सोने की चेनें और छह अँगूठियाँ एक अन्य डिब्बे में रखे मिले। एक कपड़े में लिपटा हुआ सोने की तश्तरी में खुदा हुआ यन्त्र मिला। और लाखों की इस माया के बाद मल के टुकड़ों स्वरूप एक लिफाफे में राय साहब गिरवाण दत्त तिवारी के नाम सन् 47 में लिखा गया पत्र और दूसरे लिफाफे में सन् 30 के आसपास खींचे गये कुछ अश्लील छाया-चित्र मिले।

अश्लील चित्रों में से कुछ में जवान राय सैप अपने बूढ़े हैम्पटन साहब और उनकी अधेड़ मेम के साथ अलग-अलग या एक साथ रतिरत दिखाये गये थे। कुछ में वह हरमौर महाराजा की तीसरी रानी से सम्भोग कर रहे थे। इन सब लोगों को तो एक पुराने एलबम में देखे हुए चित्रों की स्मृति के सहारे हरिया पहचान गया, लेकिन कुछ चित्रों में इन्हीं पात्रों का मात्र आलिंगन करती, कुछ में अनचाहे और अनजाने अपना अंग-प्रदर्शन करती और कुछ में एक जिज्ञासु किन्तु शर्मीले दर्शक की भूमिका निभाती, जो अपनी ही बिरादरी की-सी लड़की नजर आ रही थी, उसे हरिया पहचान नहीं पाया। ये चित्र अश्लील होते हुए भी एक स्तर पर बहुत घरेलू भी थे। उनका यह घरेलूपन ही उन्हें कुछ और वीभत्स बनाये दे रहा था। किसी भी चित्र में कोई पात्र निर्वस्त्र नहीं था। और तो और, एक चित्र में राय सैप साफा पहने हुए थे और

एक अन्य चित्र में हैम्पटन की मेम अपनी पालतू बिल्ली से खेल रही थी। इस घरेलू माहौल में सबसे ज्यादा घरेलू लग रही थी वह अज्ञात लड़की। हरिया ने अपनी ईजा का जवानी का चित्र कभी नहीं देखा था। तो उसके मन में अपने को ही शर्मसार करती हुई यह जिज्ञासा उठी कि कहीं यह लड़की ही तो मेरी ईजा नहीं ?

अब हरिया ने पत्र की ओर ध्यान दिया। उसमें बड़ालाचा लाहौल-स्पिती से किन्हीं लामा रिग्यांग चो ने राय सैप को लिखा था कि तीसरी रानी के इशारे पर आप जब उस देवता के जंगल कटवा रहे थे जिसका नाम लेने-सुनने तक से लोग घबराते हैं, तब आपको यह सोचना चाहिए था कि वह देवता इसी तरह आपके परिवार को भी काटता चला जायेगा। लेकिन आप तो रेलवे वालों को स्लीपर के लिए लकड़ी दिलाने की एवज में राय साहबी पाकर खुश होते रहे। जब आपको पुजारी ने श्राप दिया तब आपने प्रायश्चित्त करने का नाटक किया और उसे धोखा देकर देवता का पिटार ले भागे। अब पत्नी और दो बेटों को खोने के बाद आप होश में आये हैं। अगर आप सचमुच प्रायश्चित्त करना चाहते हों तो शुरू अगस्त में मेरे साथ तीर्थयात्रा पर चलें। अपने साथ वह पिटार अवश्य लायें। ध्यान रहे कि वह पिटार आपने नहीं लौटाया तो सौ मौतें देखकर मरने के बाद भी आप श्राप से मुक्त न हो पायेंगे। जब तक पिटार आपकी बिरादरी में रहेगा आप प्रेत रूप में पीढ़ी दर पीढ़ी सौ-सौ मौतें देखने के लिए अभिशप्त रहेंगे। लौटती डाक से यहाँ आने का अपना कार्यक्रम सूचित करें।

हरिया चित्र अपने बक्से में छिपा आया। फिर लामा का पत्र हाथ में लेकर कमरे का दरवाजा खोलकर बैठ गया। जब हेमन्त पिटार के माल का सवाल उठाने के लिए अपने साथ बिरादरी के लोगों को लेकर आया तब हरिया ने कहा, "मुझे चाभी मिल गयी और मैंने पिटार खोलकर देख भी लिया।"

हेमन्त इस धोखाधड़ी पर विरोध प्रकट करने लगा। उसने कहा कि

हरिया कक्का को तुरन्त पंचनामा कराना चाहिए कि पिटार में क्या-क्या मिला है ताकि इन्हें बड़बाज्यू के क्रियाकर्म और अपने इलाज के लिए पैसे देकर बाकी मैं बड़बाज्यू के कहे मुताबिक खुद रख सकूँ। हरिया के समर्थकों ने इस ओर ध्यान दिलाया कि भइया, कानून के मुताबिक तो आधा-आधा मिलेगा दोनों को। हेमन्त उसके लिए भी थोड़ी बहस के बाद तैयार हो गया। अब बिरादरी ने हरिया से पिटार में मिले माल की जानकारी चाही।

हरिया ने लंगोट में से निकालकर एक कागज में रखा हुआ मल का वह टुकड़ा हेमन्त की ओर बढ़ा दिया और कहा, "पिटार में से तो यह मिला, अब इसे बाँटना क्या हो रहा है, जाकर गूमालिंग में फेंक आते हैं।"

इसी के साथ हमारी बिरादरी में हरिया की हैरानी को लेकर विभाजन शुरू हो गया। हेमन्त और उसके समर्थकों ने आरोप लगाया कि हरिया या तो पागल हो गया है या पागलपन की आड़ में चार सौ बीसी पर उतर आया है। अगर यह पगला गया है, और उनकी इस स्थापना का शास्त्री जी वगैरह भी समर्थन कर रहे थे, भले ही उन्हें चार सौ बीसी वाली बात स्वीकार्य नहीं थी, तो इसे पागलखाने में डाल देना चाहिए।

हरिया ने कहा, "न मैं पगलैट कर रहा हूँ, न चार सौ बीसी, इस पिटार में सचमुच खजाना है लेकिन वह हमारे लिए गू से बदतर है। अरे, यह पिटार गूमालिंग का है। बाबू चुरा के लाये थे। इसको लौटाये बगैर बिरादरी पर से गूमालिंग के श्राप की छाया नहीं हटेगी।"

हरिया ने रिग्यांग चो का पत्र मुरलीधर ज्यू को पढ़ने को दे दिया। मुरलिया हॉफ पैण्ट की मिमियाती हुई आवाज में उसे बिरादरी ने सुना। बुजुर्गों ने इस ओर ध्यान दिलाया कि सन् 47 के अगस्त महीने में राय सैप हरमौर में कहीं तीर्थ करने जाने वाले थे लेकिन तभी उन्हें लकवा मार गया।

हरिया बोला, "लकवा मार जाने से ही बाबू पिटार लौटाने जा नहीं सके। अब उनके बदले गूमालिंग मैं जाऊँगा और पिटार लौटा आऊँगा।"

इसी के साथ मुरलीधर जी और हेमुली बोज्यू के नेतृत्व में एक ऐसा गुट बन गया जो हरिया को पागल नहीं आदर्श पितृभक्त ठहराने लगा। उधर हेमन्त कहता रहा कि यह गूमालिंग के श्राप वाली बात हरिया कक्का के चार

सौ बीसी पगलेट[1] की निशानी है। अरे, आज तक किसी ने कहीं गूमालिंग का नाम सुना है?

हेमन्त ने हरिया पर चार सौ बीसी का इल्ज़ाम लगा दिया, बोला, "इन्होंने पहले कहा कि चाभी का मुझे पता नहीं है। फिर मुझे बाहर भेजकर पिटार खोल-खोलकर सारा माल कहीं दबा दिया और अपने हाथ से लिखी कोई मनगढ़ंत चिट्ठी सुनाने बैठ गये।"

हरिया नें हेंमन्त को याद दिलाया कि गूमालिंग के श्राप की बात तूने खुद मेरे सामने बाबू के ही मुँह से सुनी। हरिया बोला, "तू झूठ मत बोल भाऊ और झूठा इलजाम भी मत लगा। खजाना ज्यों-का-त्यों पिटार में है और ऐसा-का-ऐसा ही मैं इसे गूमालिंग पहुँचाऊँगा।"

हरिया ने पिटार खोलकर बिरादरी को खजाना दिखा दिया और गायत्री की क़सम खाकर कहा कि इसमें से एक कानी कौड़ी न मैं लूँगा और न हेमन्त को लेने दूँगा। गूमालिंग जाने के लिए पैसा भी मैं अपने फण्ड में से निकलवाऊँगा।

हेमन्त ने राय सैप के मुँह से 'गूमालिंग' का जिक्र सुने जाने से साफ इनकार किया। इस पर हरिया ने बन्नो के मुँह से भी गूमालिंग का नाम सुने जाने का दावा किया, लेकिन सुलतान अहमद की गवाही तुरन्त उसके खिलाफ गयी।

इस पर हरिया ने लामा के पत्र की ओर बिरादरी का ध्यान दिलाया, जिसमें पिटार के किसी देवता के होने का उल्लेख था। प्रत्युत्तर में हेमन्त ने हरिया कक्का पर उसक़ी अनुपस्थिति में स्वयं ही यह पत्र लिख डालने का आरोप लगाया। उसने इस ओर ध्यान दिलाया कि पत्र-लेखक की लिखावट हरिया की लिखावट से बहुत मिलती-जुलती है और इसमें सन्देह नहीं कि इस पत्र में देवनागरी उस खास सजावटी शैली में लिखी हुई थी, जो हमारी बिरादरी के बुजुर्गों को बहुत प्रिय थी और जिसे हरिया ने एक तरह से अपने पिता से विरासत में पाया था। पत्र-लेखक की लिखावट हरिया की लिखावट से सौ फीसदी क्यों नहीं मिलती, इसकी सफाई में हेमन्त ने कक्का की चतुराई

1. पागलपन

को रेखांकित करना चाहा। मगर हरिया के समर्थकों ने तुरन्त इस ओर ध्यान दिलाया कि हरिया पर, जिसे स्वयं उसके पिता भी मदुआ कहते थे, चतुराई का आरोप तो लगाया ही नहीं जा सकता। उन्होंने इस ओर भी ध्यान दिलाया कि लामा का पत्र देखकर ही यह पता चल जाता है कि यह वर्षों पहले का लिखा हुआ है, आज का नहीं। इसका मटमैला हो चुका कागज देखो। धुँधलाई स्याही देखो भाई।

हेमन्त ने बिरादरी से एक भाव-विह्वल अपील करनी चाही कि अगर आप लोग पिटार के माल में से मेरा हिस्सा मेरे को नहीं दिलाओगे तो मैं तो महाराज भूखा मर जाऊँगा। बरसों से बेरोजगार हूँ। अब तक बड़बाज्यू जिन्दा थे, इसलिए दो रोटी खाने को मिल जा रही थी। अब तो कक्का वह भी नहीं देंगे। मैं आपके पाँव पड़ता हूँ, मेरे साथ न्याय करा दो।

हेमन्त का दुर्भाग्य कि भाव-विह्वलता के मामले में भी हरिया ने, उस हरिया ने जो पहले कभी रोने-गाने के लिए मशहूर नहीं रहा था, हेमन्त को बहुत पीछे छोड़ दिया उस दिन।

हरिया ने कहा, "इस जुआरी और शराबी-कबाबी हेमन्त को अपने पापी पेट की लगी है, जब कि अस्सल सवाल मेरे अभी-अभी खत्तम हुए बाबू की आत्मा पर लगे पाप के एक बहौत बड़े दाग का है। वह तो गूमालिंग में प्रायश्चित्त करके ही धुल सकता है। इत्ता बड़ा दाग है वह कि मैं उसके सोच के बोझ से जैसा-जित्ता दब गया हूँ, वैसा-उत्ता तो मैं अपने बीमार बाबू और उनके अपने ही जित्ते बीमार परिवार की तीमारदारी के बोझ से भी नहीं दबा था कहा। आप लोग सोच रहे होंगे कि बाबू के गुजर जाने से यह हरिया हल्का-जैसा महसूस कर रहा होगा आज। लेकिन मैं तो बाबू के पाप के बोझ से जमीन में धँसा जा रहा हूँ महाराज। हेमन्त कह रहा है कि मैंने अपने आप लिख रखी अपने बाबू के पाप का बखान करने वाली यह चिट्ठी। मैं आपसे पूछता हूँ कि जिसने अपने बाप के खिलाफ उसके जीते-जी, उसके सामने या पीठ-पीछे कहीं भी, एक शब्द नहीं कहा ठहरा, वह उसके मरते ही उसके पाप मन से गढ़कर उसे बदनाम करने बैठ सकता है कभी? अगर मैंने ऐसा किया हो तो मुझ पर पाप के लिए श्राप देने वाले गूमालिंग का वज्र गिरे अभी, यहीं।"

वज्र नहीं गिरा। बिरादरी का समर्थन जरूर उमड़ा। यों हरिया ने इस जोरदार वक्तव्य के अन्त में कुछ ऐसे वाक्य जोड़कर मामला थोड़ा गड़बड़ कर दिया, जिन्हें हेमन्त पगलेट का नमूना ठहराकर उसके सारे वक्तव्य के आगे प्रश्न-चिह्न लगा सका। ये वाक्य थे, "मुझे प्रायश्चित्त के लिए जाने से आप लोग रोकना चाहें तो भी रोक नहीं सकते क्योंकि मैं एक जगह जो क्या हूँ? मैं हर जगह हूँ और जैसे मैंने हर जगह अपने बाबू की आँत में अटके मल की सफाई की अब तक, वैसे अब उनकी आत्मा पर जमे मल की करूँगा।"

श्मशान भूमि में हरिया ने फिर गूमालिंग को लेकर कुछ ऐसा कहा जिसे उसकी भावुकता या पगलेट का नमूना समझा जा सकता था। चिता को अग्नि देने के बाद वह बिरादरों से घिरा बैठा था कि उसकी आँखों से मौन आँसू ढुरकने लगे। मुरलीधर ने हरिया के कन्धे पर हाथ रखकर सान्त्वना-भरे स्वर में कहा, "पूर्ण आयु भोगकर मरे हैं। उनके लिए क्या रोना ठहरा? जीना-मरना यह तो लगा ही ठहरा सदा का।"

"वही सोच के तो रो रहा हूँ मैं।" हरिया ने कहा, "सब जगह पैदा हो रहे हैं, सब जगह मर रहे हैं। यहाँ मेरे बाबू मर रहे हैं, वहाँ गूमालिंग में उसके डैडी मर रहे हैं।"

"किसके डैडी?" हेमन्त ने लगभग झपट्टा-सा मारते हुए पूछा।

हरिया थोड़ी देर सोचता रहा। जब हेमन्त ने प्रश्न दोहराया तो उसने कहा, "मेरे, और किसके?" और चिता का मुआयना करने चला गया।

कपाल-क्रिया के बाद हरिया को चिता में गिरने, कुछ लोगों के अनुसार कूदने, की कोशिश करता देखा गया। डोम ने बचा लिया वरना वह भी उसी चिता में जल मरता। इसे हेमन्त और साथियों ने उसके चतुरिया चण्ट पगलेट का एक और सबूत ठहराया। लेकिन मुरलीधर ज्यू वाले गुट ने हरिया के आचरण की मानवीयता से ओतप्रोत भावुक व्याख्या की। उनके अनुसार हरिया अपनी अब तक की जिन्दगी जीवित पिता की सेवा में लगा चुकने के बाद, आगे की जिन्दगी उनके प्रेत की सेवा में लगाना चाहता था, इसलिए उसने चिता में कूदने की कोशिश की। पिता के प्रेत की मुक्ति के लिए ही उस पर वह जो भी होगा, गूमालिंग-हूमालिंग, उसका भूत सवार हो गया है।

हमारी बिरादरी का बहुमत इसी भावुक मानवीय व्याख्या के पक्ष में गया।

यों इस गुट को समर्थन देनेवालों की आधुनिकता उन्हें बाध्य करती रही कि डॉक्टर नीलाम्बर का भी आदर करें, जिसके अनुसार हरिया चिता में कूदा नहीं, उसे फिट पड़ा। तभी वह उस समय 'डैडी-डैडी' कर रहा था, 'बाबू-बाबू' नहीं। हरिया किसी ऐसे मस्तिष्क रोग का लाचार शिकार था, जिसका फिलहाल ठीक निदान नहीं हो पा रहा था कि गोली दें और गायब कर दें। डॉक्टर नीलाम्बर के अनुसार हरिया की हैरान भावुकता और भावुक हैरानी असामान्य थे, पर उन्हें न पागलपन का लक्षण माना जा सकता था और न सहज मानवीय प्रतिक्रिया का। जो कुछ हो रहा था, उसका हरिया की मनःस्थिति या परिस्थिति से उतना सम्बन्ध नहीं था, जितना कि मस्तिष्क की भौतिक और जैव-रासायनिक स्थिति से। डॉक्टर नीलाम्बर ने हरिया के चिता में गिरने की कोशिश को उसे दूसरा दौरा पड़ने की घटना मानते हुए उसे तुरन्त श्मशान भूमि से अस्पताल पहुँचाया। डॉक्टरों ने अनुमान लगाया कि कोई छोटा-सा मगर गहरे दबा हुआ ट्यूमर है हरिया के मस्तिष्क में। उसी के प्रभाव में यह विचित्र आचरण कर रहा है और उसी के कारण इसे फिट पड़ रहे हैं। थोड़ा चक्कर खून में शक्कर सहसा कम हो जाने का भी है। विस्तृत टेस्ट सुझाये गये किन्तु हरिया डॉक्टर नीलाम्बर के जोर देने और डराने पर भी जाँच के लिए अस्पताल में भर्ती हो जाने के लिए राजी न हुआ और जली हुई चमड़ी का फौरी इलाज करवाकर घर लौट आया। उसने कहा कि बारहवाँ कर लूँ, फिर भर्ती होऊँगा अस्पताल में।

•

घर लौटकर हरिया ने एक ऐसा काम किया, जिससे हेमन्त और साथियों को उसे चतुर पागल ही नहीं, लम्पट भी ठहराने का अवसर मिला। उसने हेमुली बोज्यू को मेहमानों के लिए खाना-वाना पकाने की खातिर अपने क्वाटर में रख लिया जबकि मेहमान की पूँछ तक मातम मनाने नहीं आयी हुई थी। हेमन्त, जो दो जनों लायक खाना खुद बनाता रहा था, आगे भी बना ही सकता

था। हेमुली बोज्यू को हरिया ने न केवल बुला लिया बल्कि उनको पास में बैठाकर घण्टों उनसे खुसर-फुसर करता रहा। सूतक वाले घर में कोई भी देवर- बोज्यू खुसर-फुसर करें, यह सरासर गैर-वाजिब बात ठहरी। और बोज्यू बुढ़िया और विधवा हो और देवर कोढ़े[1] में बैठा हुआ कुँआरा अधेड़ तब तो यह डबल कलजुग की निशानी ठहरी।

चौथे दिन हेमन्त ने हरिया को हेमुली बोज्यू को कुछ तस्वीरें दिखाते पकड़ा। जैसे ही हेमन्त के द्वार खोलने से खट्ट हुई, हेमुली बोज्यू ने झट्ट तस्वीर कहीं छिपा दी, शायद पेटीकोट के घेरे में। पूछा हरिया से, जवाब दिया उन्होंने कि किस तस्वीर की बात कर रहा है भाऊ तू? हरिया तो कोई तस्वीर नहीं दिखा रहा था मुझे।

इसी तरह छठे दिन रेवती बुबु ने दोनों को लिंग-हिंग की बातें करते सुना और आठवें दिन दव्वा दी तब रोती हुई आयी जब उसने हेमुली बोज्यू को हरिया लला को गिरवाण कक्का की रंगीनमिजाजी का कोई किस्सा सुनाते हुए पकड़ा और हेमुली बोज्यू साफ मुकर गयीं। उलटा उन्होंने दव्वा पर अपने बड़बाज्यू के बारे में गन्दी-गन्दी बातें कहने का आरोप लगा दिया।

उन्होंने दव्वा को याद दिलाया कि आज तुम लोग किशी हैशियत वाले हो शके हो तो इशलिए कि तेरे बौज्यू हमारे गिरवाण कक्का शे जाने कहाँ का लगड़ता-पगड़ता[2] रिस्ता जोड़कर आ धमके थे कि मामा, मेरा परवार भूखा मर रहा है, कुछ करो। उन्होंने एक अंग्रेज शैप से कहकर बैंक में रखवा दिया। गिरवाण कक्का आप ही ऊपर नहीं उठे, जिन्दगी में, शारी बिरादरी को भी उठा गये। पहाड़ियों में उनका-जैशा कोई हुआ ही नहीं— शारी दुनिया जानती है।

हरिया के लिए बिरादरी का उपकार करने वाले, सैकड़ों को नौकरियाँ, वजीफे, दहेज की रकम देने-दिलवाने वाले राय साहब गिरवाण दत्त तिवारी का उन चित्रों के भोगी और उस श्राप के भोक्ता से तालमेल बैठाना मुश्किल हुआ होगा। हमारी बिरादरी के लिए तो निश्चय ही हुआ। उसने हरिया और हेमुली बोज्यू की बातचीत का मुखर विरोध किया। तब तो और भी जब हेमुली बोज्यू ने सफाई दी कि लला गूमालिंग के साप की बातें करते हैं कि

---

1. क्रियाकर्म करने वालों को औरों से अलग करने वाली गोबर की सीमा, 2. दूर-दराज

बोज्यू कैशे जो मैं उशका प्रायस्चित्त करूँ? बिरादरी ने एक स्वर से कहा कि देवता-जैसे गिरवाण दत्त जी को कोई श्राप-हराप दिये जाने का सवाल ही नहीं उठता।

हरिया अपने कोढ़े में बैठा हुआ गूमालिंग के अतिरिक्त मानव लिंग के बारे में भी विचार करता रहा। जैसा कि हेमुली बोज्यू ने बाद में किसी को बताया। (किसको बताया यह कभी ठीक से प्रमाणित न हो सका किन्तु पता सबको चल गया।) हरिया ने सहचर्य से प्राप्त होने वाले सुख के बारे में उनसे काफी विस्तार से प्रश्न ही नहीं किये; उस सुख को भोग देखने की कामना भी की। खुसर-फुसर करने वालों का तो यहाँ तक दावा है कि हरिया ने पागलपन की पराकाष्ठा दर्शाते हुए इस सुख का व्यावहारिक ज्ञान व्यक्तिगत रूप से उस मातमी दौर में पहली बार प्राप्त किया। सूतक वाले घर में छूत में बैठे मूढ़ हरिया द्वारा ठीक अपने बाबू के प्रेत की नाक के नीचे बिसय-बासना का सुख लूटे जाने की—वैसे देखते हो तो उस बुढ़िया के साथ कहाँ का सुख, कैसा सुख—तस्वीर बिरादरी ने अपने मानस में उभरने तो दी मगर बड़ी तत्परता से उसे मिटाती भी रही और कहती रही कि ऐसा सोचना भी पाप है। वह इस आग-लगे जमाने को कोसती रही, जिसमें लोग-बाग सबको अपने ही जितना नंगा साबित करना चाहते हैं।

बिरादरी अपने को इस आग लगे जमाने के अनाम लोग-बाग से अलग करती रही और उधर हेमुली बोज्यू बिरादरी के कुछ लोगों के नाम ले-लेकर यह कहती रहीं कि मुझे अच्छी तरह पता है कि ये लोग मेरी पीठ के पीछे क्या-क्या अण्ड-बण्ड बक रहे हैं मेरे बारे में। हेमुली बोज्यू इस अण्ड-बण्ड के ब्यौरे में कभी नहीं गयीं, लेकिन उसका उल्लेख करते ही वह जिस तरह आँचल आँखों की ओर ले जाने लगीं, उसी से स्पष्ट होने लगा कि उनकी बदनामी करानेवाली वे बातें उनके कानों में पड़ती रही हैं। यह अनुमान इस बात से पुष्ट होता रहा कि आँचल आँखों से और अनन्तर नाक से लगा लेने के बाद, वह कहतीं कि चलो मैं तो विधवा हूँ और कुछ मर्दों का तो काम ही विधवाओं को बदनाम करना होता है, लेकिन मेरे उश शाधू जैसे हरिया लला को क्यों बदनाम करते हो, जिशे सुकदेव मुनि कहते आए हैं हम शब? यहाँ यह उल्लेखनीय है कि बाद में इन्हीं हेमुली बोज्यू ने हरिया लला

के विषय में एक अन्य स्त्री के सन्दर्भ में इस तरह की बातें कीं और सरेआम कीं। खैर, वह तो आगे की कहानी है।

फिर भी दो बातें गौर-तलब हैं। पहली यह कि बिरादरी में यह बात तभी से सर्वमान्य है कि उस दौर में हरिया को स्त्री-पुरुष-सम्बन्धों के विषय में पहली बार जिज्ञासा हुई और, सैद्धान्तिक ही स्तर पर सही, उसने इस विषय का ज्ञान प्राप्त किया। व्यावहारिक स्तर पर भी किया हो, तो कुछ आश्चर्य नहीं। दूसरी बात यह कि हेमुली बोज्यू के पहले हरिया-समर्थक और फिर हरिया-विरोधी बन जाने के बारे में बहुत-से लोगों ने यह अटकल लगायी कि हेमुली बोज्यू तब तक हरिया-समर्थक रहीं, जब तक उन्हें उस मदुआ से पगला बने व्यक्ति से पिटार का माल मिलने की उम्मीद रही। शुरू के दौर में वह हरिया के गूमालिंग की तीर्थ-यात्रा करने की सबसे बड़ी समर्थक थीं और उसे अपने साथ हरमौर रियासत ले जाने को कह रही थीं ताकि वहाँ से गूमालिंग का रास्ता मालूम किया जा सके।

हरिया उस दौर में गूमालिंग के बहाने योनि-लिंग के बारे में तो सोच और पूछ रहा था ही, उसे अपनी बीमारी के बारे में जानने की भी बड़ी इच्छा थी। डॉक्टर नीलाम्बर ने उसे बताया कि दाज्यू, अभी ठींक से तो कुछ कहा नहीं जा सकता, उसके लिए तो जाँच करनी होगी, लेकिन लगता है ऐसा कि आपके दिमाग के भीतर कहीं छोटा-सा ट्यूमर पनप रहा है। जब हरिया ने जानना चाहा कि क्या यह ट्यूमर भी लिंग-हिंग जैसा होता है, तब डॉक्टर नीलाम्बर ने उसका प्रश्न अनसुना कर दिया।

तो हरिया के शरीर-चिन्तन का एक और आयाम यह हो गया कि वह अपने मस्तिष्क में कहीं गहरे दबे उस छोटे से ट्यूमर के बारे में भी अक्सर सोचता रहता और बातें करता। यह कैसा जो होगा मेरे शरीर का हिस्सा जो मुझे बताये बगैर, मेरे चिताये[1] बगैर, चुपचाप बढ़ता जा रहा होगा? मुझे ही मारने को बढ़ रहा होगा तो क्या यह नहीं सोच रहा होगा कि अगर मैं मर गया तो ये आप कैसे जिन्दा रहेगा? बढ़ने भर की अक्कल है उसे, ये सब समझने की नहीं?

---

1. अनुभव किये

इस विषय में उसने डॉक्टर नीलाम्बर से बातें करनी चाहीं, मगर उसे कभी फुर्सत ही नहीं मिलती थी। तीसरे दिन जब धारी का परिवार 'बुरा हुआ'[1] कहने आया तब हरिया ने धारी के बेटे अतुल से इस बारे में चर्चा की। अतुल ने बताया कि ट्यूमर क्यों बनते-बढ़ते हैं, यह अभी तक ठीक से पता नहीं चल पाया है। वैसे यह आप ठीक कह रहे हैं कि उनका इस तरह बढ़ना बेअक्ली और पागलपन का नमूना है। शरीर में हिसाब तो ऐसा रखा गया कि जहाँ जितनी जरूरत हो, उतने ही कोश बनें लेकिन कभी-कभी किसी जगह के कोश बेमतलब और बेतहाशा बढ़ने लगते हैं। इससे ट्यूमर बन जाता है।

इस पर हरिया ने टिप्पणी की कि तब तो हमें कहना चाहिए कि शरीर और मशीन में एक फर्क यह भी हुआ कि मशीन कभी अपने को अपने-आप नहीं बिगाड़ती जबकि शरीर कभी-कभी ऐसा करता ही है।

इस टिप्पणी पर अतुल की टिप्पणी यह थी कि शरीर अपने को अपने-आप ठीक भी तो कर पाता है जब कि मशीन ऐसा नहीं कर सकती। जब आज की जैसी दवाएँ नहीं थीं तब भी तो लोग खराब-से-खराब रोग से उबर जाते थे। आज भी कुछ का कैंसर अपने-आप ठीक हो जाता है।

अब हरिया ने यह हैरानी जाहिर की कि जब मैं नहीं पगला रहा हूँ तब मेरे ही कहीं के कोश कैसे जो पगला गये होंगे? किसके इशारे पर पगलाये होंगे? क्या उनके पगलाने के पीछे उसका हाथ ठहरा जिसका नाम तू हौर-हौर जैसा कुछ बता रहा था?

अतुल डैथ हार्मोन और कैंसर में कोई सम्बन्ध होने की सम्भावना पर कुछ जवाब दे सकता इसके पहले ही धारी उसे खींचकर ले गया। अतुल से हरिया ने जो बातें कीं उन्हें भी हेमन्त ने पगलेट के खाते में डाला। उधर हरिया को यह अफसोस रहा कि वह गूमालिंग के बारे में अतुल से बात न कर सका।

यह कमी बारहवें दिन पूरी हुई जब अनमने धारी को, जिसे श्राद्ध का भोजन खाने से उतनी ही वितृष्णा होती थी जितनी हरिया से मिलने से, उसकी

1. मरने पर 'बुरा हुआ' कहने जाते हैं, बच्चे के पैदा होने पर 'अच्छा हुआ'।

पत्नी यह कहकर खींच ही लायी कि किसी अच्छे दिन तो जाना ही पड़ेगा[1], आज ही हो आयेंगे तो श्राद्ध में भी हाजिरी लग जायेगी। अभी धारी का परिवार पंगत में बैठकर खा ही रहा था कि हरिया 'एक लड्डू और खा ले भाऊ' कहता हुआ लड्डू का थाल लेकर अतुल के पास पहुँचा। लड्डू देकर उसने यह सवाल उठाया कि क्या गूमालिंग में गू के लिंग को पूजते होंगे जैसा कि बन्नो कह रही थी ?

अतुल लड्डू चबाते हुए बोला, "पूजते भी हों तो कोई ताज्जुब नहीं। मैंने कहीं पढ़ा था कि किसी कबीले के लोग स्नो लैपर्ड की टट्टी को टॉनिक मानकर खाते हैं।"

"छी !" उसकी माँ ने डाँटा, "बन्द कर ये बातें।"

"और ना !" अतुल की ज्ञान-प्रदर्शन-प्रियता बोली, "एक कबीले में नशे के लिए बहुत ही मुश्किल से मिलने वाली ऐसी जड़ी खाने का रिवाज है, जिसकी नशे वाली चीज पेशाब के साथ निकल जाती है। तो ना वे लोग जड़ी सबसे पहले अपने सरदार को खिलाते हैं। फिर उसका पेशाब इकट्ठा करके दूसरे नम्बर के आदमी को पिलाते हैं।"

"बन्द कर बकवास।" धारी गरजा और कितने हीं लोगों ने 'हाई !', 'छी' जैसे शब्द क़ितनी ही तरह उचारे। एक किशोरी तो उलटी करने के लिए दौड़ी। किन्तु अतुल वक्तव्य पूरा करके रहा, "और ना दूसरे नम्बर वाले का पेशाब तीसरे नम्बर वाले को, तीसरे नम्बर वाले का चौथे नम्बर वाले को...।"

धारी ने अतुल का कान खींचा और उसे जोरदार फटकार सुनायी। अतुल अपमान से तिलमिला उठा। हरिया उसके उफनते आँसू अपने रूमाल से पोंछते हुए उसे भीतर ले गया। अतुल को सम्मानपूर्वक कुर्सी पर बिठाकर और आदरपूर्वक शर्बत पिलाकर उसने फिर गूमालिंग-चर्चा शुरू कर डाली।

इस चर्चा के कुछ अंश हेमन्त ने सुने और बाद में उसने बिरादरी के सामने यह सवाल रखा कि हरिया कक्का का विधवा हेमुली काखी से काम-क्रीड़ा की बात करना और बालक अतुल से दर्शनशास्त्र के सवाल

---

1. सूतक में जाने के बाद एक बार सूतक खत्म होने पर भी जाना होता है।

पूछना पगलेट नहीं है तो और क्या है ?

इसके जवाब में गणेश दत्त जी शास्त्री ने प्रेत-बाधा की अवैज्ञानिक बात की और डॉक्टर नीलाम्बर ने विभाज़ित व्यक्तित्व का वैज्ञानिक तथ्य सामने रखा। उसने बताया कि एक आदमी के दो व्यक्तित्व होना या हो जाना काफी आम-सी बात है। अमेरिका में तो एक औरत ऐसी हुई है हाल में, जिसके तीन बिल्कुल अलग-अलग व्यक्तित्व थे। पहले बीमारी और मौत को छोड़ और किसी बारे में बात न करने वाले हरिया दाज्यू सेक्स-हैक्स और दर्शन-हर्शन की बात कर रहे हैं, तो इसीलिए कि इनके भीतर ऐसी बातें कर सकने वाला एक और व्यक्ति शुरू से था, जो अब तक गिरवाण मम्मा[1] की मौजूदगी से दबा हुआ था। अब वह उभरकर आ रहा है सामने।

डॉक्टर नीलाम्बर का यह विश्लेषण हरिया के कान में भी पड़ा। और अब वह यह सोचता-पूछता रहा कि जब मेरे भीतर कई 'मैं' हो सकते हैं, तब मेरे बाहर ठीक मेरे-जैसे दूसरे क्यों नहीं हो सकते ? इनमें से एक वह दूसरा, जो गूमालिंग आस्ट्रेलिया में रहता है, उसका पता आप लोग़ मालूम क्यों नहीं कर देते ? मेरी उसे तार भेजने की बड़ी इच्छा हो रही है, कहा। उसे भी बुला लेता हूँ। साथ ही चलेंगे प्रायश्चित्त करने। एक से दो भले, दो से चार, मेरे-जैसे जित्ते भी दूसरे हैं सब्ब को दे दो तार।

हेमन्त ने बिरादरी से कहा कि ये हरिया कक्का तो पागलों से भी ज्यादा पागलपन की बातें कर रहे हैं और वह इसलिए कि ये सचमुच पागल नहीं हुए हैं, बल्कि मेरा हिस्सा मारने की चार सौ बीसी को पागलपन के नाटक से छिपा देने की कोशिश कर रहे हैं।

हरिया, बहरहाल गूमालिंग के विषय में अधिकाधिक जिज्ञासु होता चला गया और अतुल से इस विषय में चर्चा करने के अवसर निकालता रहा।

अतुल से गूमालिंग-चर्चा के दौरान हरिया ने यह समस्या भी रखी कि गूमालिंग के बारे में जानकारी कैसे हासिल की जाये ? इसके समाधान के लिए अतुल ने पत्राचार का मार्ग सुझाया और फौरन तीन पत्रों के मसौदे तैयार करवा दिये।

---

1. मामा

पहला हिमाचल सरकार के सूचना निदेशक के नाम कि भूतपूर्व हरमौर रियासत में गूमालिंग नामक अगर कोई स्थान है तो कृपया उसके बारे में पूरी सूचना दें और उस तक पहुँचने का मार्ग बतायें। दूसरा, पिटार में मिले पत्र के लेखक के नाम कि मेरे पिता जी के पाप और उन पर लगे श्राप का ब्यौरा दें। गूमालिंग जाकर पुत्र द्वारा प्रायश्चित्त किये जाने की विधि सुझायें और यह भी बतायें कि गूमालिंग कैसे पहुँचा जा सकता है?

तीसरे पत्र का मसौदा अतुल ने काफी ऊहापोह के बाद और हरिया के बहुत जोर देने पर तैयार किया। इसमें आस्ट्रेलिया के दिल्ली स्थित उच्चायुक्त से यह पूछा गया था कि आस्ट्रेलिया में जो गूमालिंग है, क्या उसका विष्ठा या शिश्न से कोई सम्बन्ध है? यदि नहीं तो इस शब्द का स्थानिक भाषा में अर्थ क्या है? साथ में पत्र-लेखक अपना फोटो भिजवा रहा है। कृपया यह पता करने का कष्ट करें कि क्या गूमालिंग, आस्ट्रेलिया में भी इस शक्ल का कोई व्यक्ति है? और क्या उस व्यक्ति को अभी हाल तक अपने वृद्ध पिता का सूखा अटका मल डॉक्टरी दस्ताना पहनकर निकालना पड़ रहा था?

इस तीसरे पत्र की प्रतिक्रिया में बाद में मन्दिर मार्ग थाने का हैड कान्स्टेबल हरिया के क्वाटर पहुँचा और सो भी ऐसे समय जब बारहवें के बाद हरिया के अस्पताल जाने की बजाय हेमुली बोज्यू के साथ पैतृक गाँव चले जाने से हलचल मची हुई थी और हेमन्त बिरादरी के दो ऑफिसर-क्लास लोगों यानी डॉक्टर नीलाम्बर और पत्रकार धारी से तथा भावुक गुट के नेता मुरलीधर ज्यू से हरिया को पागलखाने भिजवाने के अपने प्रस्ताव का समर्थन करने को कह रहा था। हवलदार ने यह जानना चाहा कि यह कौन सिरफिरा है जो राजनयिकों को उलटे-सीधे पत्र भेज रहा है? हेमन्त ने हरिया कक्का के पितृ-शोक में पगला जाने की दारुण गाथा सुनायी, हवलदार साब के चा-पानी का इन्तजाम किया और हरिया कक्का के फिलहाल पुश्तैनी गाँव में होने की सूचना देते हुए हवलदार साब को आश्वस्त किया कि आइन्दा हरिया कक्का ऐसी कोई चिट्ठी नहीं लिख पायेंगे क्योंकि हम उन्हें पागलखाने में भर्ती करवा देंगे।

हवलदार के जाते ही हेमन्त डॉक्टर नीलाम्बर के पाँवों में गिर गया कि

देश को राजनयिक चालों से, बिरादरी को बदनामी से और मुझे घोर मानसिक कष्ट से बचाने के लिए हरिया कक्का को यहीं शाहदरे के पागलखाने में भर्ती करवा दो। वह मुरलीधर ज्यू के पाँवों में भी गिरा कि जो पिटार हरिया कक्का आपके पास रखवा गये हैं, वह मुझे दे दो। उसका आधा माल तो मुझे हर हालत में मिलना चाहिए था और अब हरिया कक्का के पगला जाने के बाद तो मैं वैसे भी पूरे माल का अधिकारी हो गया हूँ। बड़बाज्यू तो खैर कह ही गये थे। मुरलीधर ज्यू लेकिन अमानत में खयानत करने के लिए तैयार नहीं हुए और नीलाम्बर हरिया को पागल करार देने के लिए।

इस पर हेमन्त ने डॉक्टर नीलाम्बर से एक के बाद एक कई सवाल किये। पहला यह कि अगर हरिया कक्का पागल नहीं हैं, बल्कि बीमार हैं तो आप उन्हें अस्पताल में भर्ती करके उनका इलाज क्यों नहीं करा रहे हैं? अगर आप इसके जवाब में यह कहते हैं कि हरिया कक्का इलाज कराने ही नहीं दे रहे हैं तो खुद यह बात भी उनके पगलेट की निशानी नहीं हुई क्या? और सबसे बड़ी बात यह है कि अगर हरिया कक्का बीमार हैं तो आप उनकी बीमारी का कोई एक नाम क्यों नहीं ले रहे हैं? कभी कह रहे हैं कि दिमाग के भीतर कहीं छोटा-सा ट्यूमर है। कभी कह रहे हैं कि हरिया कक्का के भीतर कोई दूसरा आदमी भी है बल। एक आदमी के भीतर दो-दो आदमी कब से होने लगे? और क्या जब एक आदमी के भीतर से दो आदमी बोलने लगते हैं तब आप लोगों की साइंस ये नहीं कहती कि उसका दिमाग खराब हो गया है?

इस तरह घेर लिए जाने पर डॉक्टर नीलाम्बर ने कहा कि जो तुम मुझसे पूछते हो तो मैं यही कहूँगा कि हरिया दाज्यू के दिमाग में ट्यूमर पनप रहा है। हेमन्त ने कहा कि हम आपसे ही पूछ रहे हैं और किससे पूछ रहे हैं? और अगर ट्यूमर हो रहा है तो उसका इलाज कीजिए, हरिया कक्का के चतुरिया चण्ट पगलेट में साथ मत दीजिए। क्या आप ये कहना चाहते हैं कि आपने कक्का को इलाज के लिए गाँव भिजवा रखा है? ट्यूमर का ऑपरेशन करनेवाला बड़ा सर्जन वहाँ बैठा हुआ है?

डॉक्टर नीलाम्बर ने झेंपते हुए यह आश्वासन दिया कि जैसे ही हरिया दाज्यू गाँव से लौटेंगे वैसे ही मैं उन्हें अस्पताल में भर्ती करा दूँगा। गाँव में

मैंने उन्हें इसलिए जाने दिया कि वह वहाँ के एक मन्दिर में पूजा-पाठ कराना चाहते थे बल।

चाय आ जाने से इस विवाद पर विरामचिह्न लगा।

गिलास से गरमागरम चाय पीते हुए नीलाम्बर ने कहा कि अगर लोग-बाग इसलिए हैरान हो रहे हैं कि जो हरिया स्त्रियों से नजर मिलाते भी शरमाता था, वह हेमुली बोज्यू से सिर से सिर मिलाये खुसर-फुसर कुछ ऐसी-वैसी बातें करता देखा-सुना गया है तो वह भी ट्यूमर के दबाव या जैव-रासायनिक गड़बड़ी की वजह से हो ही सकता है। मस्तिष्क में परिवर्तन होने से स्वभाव में परिवर्तन होना कोई अनहोनी बात नहीं है।

वार्तालाप का विषय तव बदलना पड़ा जब अतुल पर्दा हटाकर यह कहता हुआ भीतर आया कि बाबू, कई बार ऐस देखा गया है कि जिस औरत का मुँह गाली या गन्दी बात दूर से सुन लेने भर से लाल हो जाया करता था, दिमागी बीमारी की वजह से उसके मुँह से गन्दी-गन्दी गालियाँ मजे से निकलने लगी हैं। पहले के लोग कहते थे कि उस पर कोई प्रेत हावी हो गया है। लेकिन वह प्रेत कहीं बाहर नहीं, उसके दिमाग में ही होता है। कोई केमिकल। कोई ग्रोथ। बचपन में पड़ी कोई ग्रंथि। साइंस के पास हर चीज का असल जवाब है।

अतुल को डबल फटकार सुननी पड़ी। बड़ों की बात छिपकर सुनने के लिए और आस्ट्रेलियाई उच्चायुक्त के नाम हरिया के पत्र का मसौदा तैयार करने के लिए। धारी का यह विश्वास था, और सही था, कि बिरादरी में इतनी अच्छी अंग्रेजी मेरे और मेरे बेटे के सिवा और कोई नहीं लिख सकता।

•

जब हरिया गाँव से लौटकर आया तब अपने पगलेट के एक सनसनीखेज प्रमाण के रूप में अपने साथ पिरूली कैंजा[1] को भी लेता आया। वह एक

---

1. कनिष्ठ ईजा = छोटी माँ = मौसी या सौतेली माँ।

ऐसी मौसी थी, जिसका हरिया के परिवार में नाम तक नहीं लिया जाता था। सच तो यह है कि वह मौसी थी ही नहीं। वह गिरवाण दत्त जी के, तब उनसे कहीं अधिक सम्पन्न, ससुर की आश्रिता-पालिता एक साधनहीन-स्वजनहीन बाल-विधवा थी, जिसे उन्होंने थोड़ा पढ़ा-लिखाकर प्राइमरी स्कूल में अध्यापिका बनवा दिया था और जिसे बाद में गिरवाण दत्त जी हरमौर रियासत में बेहतर नौकरी दिलवाने के लिए अपने साथ ले गये थे। वहाँ पिरूली तीसरी रानी की छोटी बेटी की उस्तानी जी और गिरवाण दत्त जी के छोटे बच्चों की मौसी बनी। पिरूली को गाँव की भ्यास[1] से रानी की खास सेविका-सहेली बनाने में राय सैप ने बहुत मदद की। उन्होंने उसे सलवार-कमीज, जूती पहनना सिखाया, रिंग, कैरम और ब्रिज खेलना सिखाया, घुड़सवारी करना सिखाया और हाँ, फोटोग्राफी करना भी, जिसका हरमौर की रानी की देखा-देखी उन्हें भी बहुत शौक हो गया था।

राय सैप ने पिरूली को शराब पीना और उन्मुक्त यौनाचार करना भी सिखाया—ऐसा खुसर-फुसर करने वाले कहते आये थे। इसके एक परोक्ष प्रमाण के रूप में वे इस तथ्य को रेखांकित करते आये थे कि गिरवाण दत्त जी की पत्नी की चिट्ठी मिलने पर उनके साले दामोदर सारे जरूरी काम छोड़कर तत्काल हरमौर रवाना हो गये थे और पिरूली को हरमौर से विदा करा लाये थे। लौटकर उन्होंने पिरूली के हरमौर से हटा लिए जाने का कारण बताने से इनकार कर दिया था और यही दुहराते रहे थे कि उसका तो नाम मत लो।

पिरूली कैंजा वापस गाँव न जाकर सुदूर चम्पावत में अध्यापिका होकर चली गयी। और फिर लगभग दस वर्ष पहले बिरादरी के बेतार पर यह समाचार प्रसारित हुआ कि व्यभिचारिणी साध्वी बन गयी है। कोई बिलैती प्रोफेसर है बल, जो जोगी हो गया है और जिसने पिरूली के पुश्तैनी गाँव के ठीक सामने वाले टिप्पड़ पर अपना बौद्ध आश्रम खोल लिया है। उसी में चली गयी है पिरूली कैंजा।

हमारी बिरादरी तब यह मानकर चलती थी कि मनमौजी ईश्वर की मनमर्जी से कुछ भी हो सकता है और इन्सान भी कुछ का कुछ बन जा सकता

---

1. फूहड़

है। अस्तु उसने गँवार विधवा के दरबारी व्यभिचारिणी हो जाने और दरबारी व्यभिचारिणी के भिक्षुणी हो जाने को प्रभुलीला के खाते में डाला जबकि निश्चय ही इसके कुछ दिलचस्प सामाजिक, मनोवैज्ञानिक और जैव-रासायनिक कारण भी रहे ही होंगे।

पिरूली कैंजा के आ जाने से हरिया हरक्यूलीज की हैरानी की कहानी में हेमुली बोज्यू की भूमिका गौण हो गयी। अब हरिया अपना ज्यादा समय पिरूली कैंजा के साथ ही बिताने लगा। इस पर आपत्ति करने वालों में स्वयं हेमुली बोज्यू अग्रणी रहीं। इससे बिरादरी को हैरानी हुई क्योंकि उसकी निगाह में बिरादरी के बीच बदनाम पिरूली कैंजा की वापसी में स्वयं हेमुली बोज्यू की भूमिका प्रमुख रही थी। लेकिन हेमुली बोज्यू ने पिरूली कैंजा की वापसी में किसी भी तरह का हाथ होने का जोरदार खण्डन किया और हरिया लला को उस बदनाम औरत के साथ कमरे में बन्द रहने के लिए सार्वजनिक रूप से धिक्कारा। उन्होंने यह भी कहा कि लला, अगर तुम शावधान नहीं रहे तो ये पिरूली तुम्हारी इज्जत, तुम्हारा शुख-चैन और तुम्हारा पिटार, तीनों चुरा ले जायेगी।

उधर हरिया लला ने जवाब में हेमुली बोज्यू को धिक्कारा और कहा, "तुम पिरूली कैंजा के खिलाफ इसलिए हो गयी हो कि तुमने उनसे कहा कि ऐसा करते हैं, हम-तुम मिलकर इस मदुए को हरमौर रियासत ले जाकर वहाँ पिटार लूट लेते हैं। पिरूली कैंजा इसके लिए तैयार नहीं हुईं और उन्होंने तुम्हारी पोल खोल दी।"

हेमुली बोज्यू ने हरिया लला की इस बात को बिल्कुल बेबुनियाद बताया और हेमन्त के गुट में शामिल होकर हरिया को पगला ठहराते हुए उसे पागलखाने में भर्ती करने की माँग उठायी। बहरहाल बिरादरी में उनकी इस माँग की उतनी चर्चा नहीं हुई जितनी पिरूली कैंजा के हरिया के साथ वापस आ जाने की और दिनमान उसी के कमरे में घुसे रहने की।

हमारी बिरादरी में राय सैप और उनकी तथाकथित साली के आपसी सम्बन्ध की सार्वजनिक चर्चा उस दौर में जरा भी नहीं हुई थी जब साली-भिन्ज्यू हरमौर के वैभव और भोग-विलास के भागीदार थे। उसकी वजह यह थी कि तब तक हमारी बिरादरी में बड़े आदमियों की कमजोरियाँ

उजागर करके उन्हें छोटा बनाने का लोकतान्त्रिक मनोरंजन आम नहीं हुआ था और राय सैप निर्विवाद रूप से हमारी बिरादरी के सबसे बड़े आदमी थे। लेकिन अब जब हरिया पिरूली कैंजा को आश्रम से दिल्ली अपने क्वाटर में ले आया तब पिरूली और राय सैप के बारे में बिरादरी में खुसर-फुसर कुछ वैसे ही मुखर होने लगी जैसे लेडी माउण्टबेटन और नेहरू जी के बारे में देश में होने लगी थी। और क्यों न होती, जब स्वयं हरिया इस मामले में पीत पत्रकार बनकर खुसर-फुसर को मुखर बना रहा था?

न केवल वह पिरूली कैंजा को आश्रम से ले आया था बल्कि वह उनसे कुछ इस तरह पेश आ रहा था मानो वह सच उगलने से इनकार करती हुई कोई अपराधी महिला हों और वह स्वयं एक धैर्य-धन्य और सुसंस्कृत पुलिस अफसर। वह उनसे गूमालिंग और उसके श्राप के बारे में सब कुछ उगलवाना चाहता था। उधर उनका यही कहना था कि मैंने ऐसा कोई नाम सुना जरूर था कभी, मगर मुझे यह नहीं पता कि इसका मतलब क्या होता है? गूमालिंग-जैसी कोई जगह हरमौर में है—यह भी मैं पूरे विश्वास से कह नहीं सकती। हाँ, हरमौर की सीमा पर कहीं एक ऐसा जंगल जरूर है जिसकी लकड़ी काटी नहीं जाती थी। क्यों नहीं काटी जाती थी, यह भी मैं बता नहीं सकती।

हरिया की जिरह का प्रस्थान-बिन्दु हर बार वही रहता—भिन्ज्यू गिरवाण दत्त से साली पिरूली का अन्तरंग सम्बन्ध। इसके प्रमाण-स्वरूप वह कुछ फोटुओं का हवाला देता और उस सम्बन्ध की गदली गहराइयों में ले जाये जाने का आग्रह करता। उस सम्बन्ध की चिपचिपी प्रगाढ़ता का कोई नया पहलू उजागर होते ही वह गूमालिंग का सवाल उठा लेता कि जब तुम बाबू के इतने नजदीक ठहरीं, कोई पर्दा ठहरा ही नहीं तुम दोनों के बीच, तब उन्होंने तुम्हें गूमालिंग की बाबत कुछ-न-कुछ तो बताया ही होगा।

इस जिरह से हरिया को गूमालिंग के बारे में कोई जानकारी न मिल सकी। हाँ, हरिया के कानों में पड़ती पिरूली की स्वीकारोक्तियों के दीवारों के कानों में भी पड़ते रहने से राय सैप-पिरूली-काण्ड हमारी बिरादरी में चर्चा का विषय बन सका। वह दौर शुरू हो चुका था जिसमें हमारी बिरादरी को भी बात करने के लिए चार-छह साल में कम-से-कम एक काण्ड दरकार होने

लगा था। वह जमाना लद चुका था जब औरतें 'आज हमने कौन-सी दाल बनायी' और पुरुष 'पिछले कुम्भ पर जब मैं हरिद्वार गया था' जैसे विषयों पर विस्तृत वार्तालाप कर पाते थे। और वह जमाना अभी आना था जिसमें हफ्ते-दस दिन में एक काण्ड सामने न आने पर लोग उबासियों में ही बातचीत कर पाते हैं।

•

पिरूली कैंजा ने राय सैप के ये किस्से बहुत ही संकोच से सुनाये और बिरादरी सार्वजनिक रूप से उन्हें दोहराने के मामले में और भी अधिक संकोच कर जाना चाहती है। विस्तार के भय से उतना नहीं, जितना इस बात से कि उनकी सामग्री से भाण्डाफोड़, कालिखपोत पत्रकारिता के इस दौर में आपको अतिपरिचय की ऊब ही हाथ लगेगी। इन किस्सों के दो पहलू हैं। पहला सनसनीखेज और अनोखी अश्लीलता से सम्बन्ध रखता है, जो कभी निषिद्ध किस्म के साहित्य का अंग बन सकती थी किन्तु आज 'मास कल्चर' का अंश बन चुकी है। दूसरा पहलू समाजशास्त्रीय विश्लेषण से सम्बन्ध रखता है कि पिरूली कैंजा ने जो कुछ किया किस तरह परिस्थितिवश किया। 'अगर वैसा न होता तो मैं ऐसा जो क्या करती?'—मार्का यह सामाजिक नियतिवाद इस दौर में क्योंकर इतिहास-सिद्ध पापमोचक बने, जिसमें स्वयं इतिहास समाप्त हो रहा है?

तो सभी अक्लमन्दों के लिए इशारा क़ाफी मानते हुए संक्षेप में और समीक्षकों की भाषा में यह कहें कि गिरवाण दत्त तिवारी के भौतिक उत्थान की कहानी को पिरूली कैंजा ने उनके नैतिक पतन की कहानी के रूप में प्रस्तुत किया है। नायक या कहें खलनायक जीजा सुदूर राजमहलों की सुगन्ध लेकर आया परीकथाओं का एक सुन्दर राजकुमार है, जो गाँव के स्कूल में पढ़ाने वाली और परायों के दिये टुकड़ों और स्नेह-वचनों पर पलने वाली नायिका का मन मोह लेता है। वह उसे अपने साथ ले जाने का प्रस्ताव रखता है जिसे नायिका इसलिए सहर्ष मान लेती है कि वह उसे

स्थानापन्न पिता मान बैठी है। लेकिन नायक एक अनजान प्रदेश में और अजनबी लोगों के बीच में ले जाकर उसे स्थानापन्न पत्नी बनाने की कोशिश करता है क्योंकि स्वयं उसकी पत्नी असुन्दर है, निरक्षर है और राजमहलों में जाने से घबराती है।

नायिका नायक के इन प्रयासों का यथाशक्ति प्रतिरोध करती है। लेकिन हाँ, वह अपनी अब तक की भोगी हुई गरीब और नीरस जीवन पद्धति के बाद, राजमहलों के भोग-विलास से चकाचौंध अवश्य हो जाती है। रियासत के राजा की तीसरी रानी उसे अपने संरक्षण में ले लेती है, अपने समकक्ष दर्जा देती है और बहला-फुसलाकर विलासी जीवन का चस्का भी लगा देती है। यद्यपि नायिका शोषित वर्ग की है और ग्राम-समाज में नायक के ससुर का वर्ग ही नायिका के वर्ग का शोषण करता आया है तथापि नायिका नायक की पत्नी के प्रति अपना कर्तव्य कभी नहीं भूलती। वह नायक की उप-पत्नी तो बनती ही नहीं, नायक का, तीसरी रानी के सुझाव पर दिया गया, यह प्रस्ताव भी ठुकरा देती है कि विधिवत् उसकी पत्नी बन जाये। वह तीसरी रानी और नायक की प्रणय-लीला में सहायिका होने का पाप करने को अवश्य मजबूर होती है और उनके सम्भोगरत चित्र उतारने को भी। आगे चलकर वह नायक और तीसरी रानी के इशारे पर अन्य महत्त्वपूर्ण व्यक्तियों के भी इसी तरह के चित्र, अक्सर चोरी-छिपे, उतारती है और उन चित्रों का प्रयोग वे ब्लैकमेल के लिए करते हैं।

सच तो यह है कि स्वयं नायिका इस तरह के चित्र उतारने को तब बाध्य होती है जब तीसरी रानी कपड़े बदलती हुई नायिका का अर्धनग्न चित्र उतार लेती है और उसे बदनाम करा देने की धमकी देती है। तीसरी रानी स्वयं यह नहीं चाहती है कि उसका प्रेमी नायक मुझसे छोटी उम्र की और अधिक सुन्दर नायिका को भोगने लगे अतएव वह भी अपने ढंग से उसे नायक से बचाती रहती है। लेकिन जब नायिका को लगता है कि नायक उसकी पवित्रता नष्ट करके ही रहेगा, वह सारी बात नायक की पत्नी को बता देती है और उसकी ओर से उसके भाई को चिट्ठी भेजती है। नायक की पत्नी का भाई नायक को भली-बुरी सुनाकर नायिका को उसके गाँव छोड़ आता है।

इस बीच नायिका पिरूली को नायक गिरवाण दत्त का नया-पुराना सारा कच्चा चिट्ठा मालूम हो चुका होता है। वह भी, फ्लैश बैक में, कहानी का अंश बनता है। गरीब गिरवाण के जीवन में नया मोड़ तब आया जब उसने अंग्रेज हैम्पटन साहब को अपना प्रेमी बनाना स्वीकार कर लिया और इसी की एवज में उसे हैम्पटन की मेम को अपनी प्रेमिका बनाने का अवसर दिया गया। इसके बाद तो गिरवाण देसी रजवाड़ों और फिरंगी अफसरों के विलास-दरबार में स्त्रियों को भोगते हुए और पुरुषों द्वारा भोगे जाते हुए तेजी से प्रगति करता चला गया।

पहले हैम्पटन साहब और उनकी मेम के कारकुन के रूप में और फिर उन लोगों के विलायत चले जाने के बाद, हरमौर राजा की विलायती स्कूलों में पढ़ी हुई, विधवा हो चुकी तीसरी और आखिरी एंग्लो इण्डियन रानी के प्रेमी के रूप में गिरवाण एक पिछड़ी रियासत की दकियानूस और पिछड़ी हुई अनुष्ठानबद्ध यौन-पिपासा और हिंसा पर आधुनिक, विकसित और निर्बन्ध यौन-पिपासा और हिंसा का प्रत्यारोपण करता है। जिस हरमौर का अपना सिक्का तक न था, जिसकी निर्धनता और धार्मिक आग्रह दोनों ने उपवास को आम बना रखा था, जिसके निवासी भूखे पेट भी लगभग हर सप्ताह किसी देवता का पर्व-त्यौहार नाचते-गाते हुए मनाते आये थे, उसमें गिरवाण और उसके विलायती साथी लोभ को एकमात्र गुण, लाभ को एकमात्र मूल्य, भोग को एकमात्र उद्देश्य और वाणिज्य-व्यापार को एकमात्र धर्म के रूप में प्रतिष्ठित कर दिखाते हैं।

नायिका इन भ्रष्ट, लोभी, पैसा पूजने वाले लोगों के साथ रहकर लगा कलंक मिटाने के लिए एक सुदूर और निर्धन गाँव में असहाय स्त्री, बच्चों की सेविका के रूप में नया जीवन शुरू करती है।

बौद्ध भिक्षुणी के रूप में अपने इलाके की दलित वर्ग की स्त्रियों की मुक्ति के लिए और स्वयं अपने मोक्ष के लिए समाज-कार्य और साधना करते हुए नायिका कभी स्वप्न में भी नहीं सोचती कि उससे उन राय सैप गिरवाणदत्त तिवारी के परिवार का कोई व्यक्ति मिलने आयेगा जिन्होंने जवानी में उसे बिगाड़ने की कोशिश की थी और जिनका उसने उनके स्वजनों के सामने पर्दाफाश किया था। लेकिन विधि की विडम्बना कि उन्हीं राय सैप

का अन्तिम जीवित पुत्र हरिया पिता के पाप को समझने और उसके प्रायश्चित्त का तीर्थ खोजने में सहायता माँगने के लिए उसके द्वारे आता है। वह आश्रम छोड़कर उसके साथ चली आती है कि जिन गिरवाण दत्त ने मुझे अपने पाप का भागीदार बनाया था, उनके मोक्ष की भागीदार बनकर नियति के विराट न्याय चक्र की संरक्षा कर सकूँ।

पिरूली की कथा की समीक्षा से विदा लेकर हरिया हरक्यूलीज की हैरानी की कहानी आगे बढ़ाते हुए अब यह बताना जरूरी हो जाता है कि पर्दे के पीछे पिरूली द्वारा फुसफुसायी गयीं, दरवाजे के बाहर से मुश्किल से सुनी गयीं स्वीकारोक्तियाँ कानोंकान हमारी बिरादरी में प्रसारित होती गयीं और कुछ इस तरह कि कान-दर-कान उनकी ध्वनि और सनसनी दोनों का सम्वर्द्धन होता चला गया। जब पर्दे के पीछे की वह फुसफुसाहट चौराहे के लाउड-स्पीकर की चीख के समकक्ष पहुँच गयी तब बिरादरी में अब सबसे बुजुर्ग उन दामोदर मामा को भी सुनाई पड़ ही गयी जिनके कान क्षय का स्ट्रेप्टोमाइसीन से इलाज कराने के बाद पट पड़ गये थे।[1] दामोदर मामा ने तुरन्त नीलाम्बर के यहाँ आदमी भिजवाकर उसकी गाड़ी मँगवायी और अपनी अशक्त काया और सशक्त वाणी को हरिया के क्वाटर पंहुँचवाया।

•

पिरूली और हरिया का सौभाग्य कि वे उस समय घर में नहीं थे। पिरूली किसी लामा से मिलने गयी हुई थी और हरिया साइकिल में हवा भरवाने। तो दामोदर मामा ने अपना सारा आक्रोश हेमुली बोज्यू पर उतार दिया, जिन्होंने उनके लिए दरवाजा खोला और उपरोक्त सूचनाएँ देने के बाद उनसे पूछा, "चहा बना लाऊँ?"

"चहा-वहा बनाने की कोई जरूरत नहीं है," ऐसा निर्देश देने के बाद दामोदर मामा एक के बाद एक ऐसे अनेकानेक कटु-वचन बोलते चले गये

1. बन्द हो गये थे

जो 'गजब हुआ', 'अन्धेर ठहरा' या 'जुल्म हुआ' से शुरू होते थे। उन्होंने हेमुली बोज्यू से सफाई माँगी। हेमुली बोज्यू ने कुछ सफाई आहत अबला के आँसुओं के माध्यम से दी और कुछ बहुत ही शरमाये-सकुचाये, 'आपकी जिद के मारे मजबूरी में मुँह से निकले हुए' शब्दों के।

हेमुली बोज्यू ने बताया, "मैं यहाँ आयी तो पहले ही दिन शे हरिया लला मेरे शे योनि और लिंग की ही बातें करने लगे। बाब्बा हो, मैं तो सरम शे गड़ गयी। फिर मैंने शोचा, मदुआ है, बोज्यू शमझकर मुझ बुढ़िया शे पूछ लिया। हो शकता है कि अपने बाबू के मर जाने के बाद मन में ब्या-हया करने की बात उठ रही हो। तो मैंने कह दिया, लला, बारशिक करे बाद ब्या कर लेना, आप ही पता लग जायेगा। हरिया लला कहने लगे, मैं मर रहा हूँ, अब जो क्या करूँगा मैं ब्या? मैं तो इशलिए जानना चाहता हूँ कि कुछ तो आनन्द मिलता होगा जिशके मारे लोग-बाग लिंग की पूजा करते होंगे। फिर पता नहीं किश गूमालिंग-हूमालिंग की बातें करने लगे। मैंने कहा कि मुझ गँवार को कहाँ शे मालूम होगा ये शब?"

पिरूली के सन्दर्भ में हेमुली ने कहा, "हरिया कह रहा था कि तुम कहती हो कि तुम्हारी मेरी ईजा शे बहुत बातें होती थीं तो क्या कभी उशने तुम्हें किशी गू के लिंग की पूजा के बारे में कुछ बताया? बेशिर-पैर की शी बात लग रही थी मुझको तो, इशलिए मैंने कह दिया कि हरमौर के बारे में तुम्हारी ईजा शे मेरी कब्भी कोई बात नहीं हुई। वह करना ही नहीं चाहती थी। हाँ, हरमौर के बारे में तुम अपनी पिरूली कैंजा शे पूछ शकते हो, वह वहाँ रही ठहरी बरशों।"

दामोदर मामा ने जानना चाहा कि जिस पिरूली का नाम हमारी बिरादरी में बरसों से लिया ही नहीं जाता था, उसका जिकर हरिया से करने की ऐसी क्या मुसीबत पड़ गयी थी तुझे?

इस पर हेमुली बोज्यू, जो अपने मायके के रिश्ते से बुजुर्ग मामा जी की नानी लगती थी, उनसे भी ज्यादा बुजुर्गाना स्वर साधकर बोलीं, "मैं कहना तो नहीं चाहती थीं, पर शुनना ही चाहते हो तो शुनो। हरिया लला को उश पिटार में एक मर्द और तीन औरतों के शाथ गिरवाण कक्का की ऐशी-वैशी तश्वीरें मिलीं कहा। हरिया लला मुझशे बहुत ही सरमाते हुए पूछने आये कि

इनमें से कोई मेरी ईज़ा है क्या? मैंने कहा, लला, तुम्हारी ईजा कोई बेसरम जो थोड़ी थी जो ऐशी-वैशी तश्वीर खिंचवा लेती? इन औरतों में दो को तो मैं पहचानती नहीं, तीशरी पिरूली कैंजा-जैशी दीख रही है मुझे। तब इन्होंने कहा, मुझे पिरूली शे मिला दो, किश्शी भी तरह।

सुनकर दामोदर मामा दहल गये। गुस्से से काँपते हुए और हेमुली का नानी होना भूलते हुए उन्होंने फुफकार भरी, "कोई तस्वीर-हस्वीर नहीं है ऐसी, कुलच्छनीं। सूरज थे राय सैप, उन पर थूकने की कोशिश मत कर चाण्डालनी। फौरन निकल जा इस घर से।"

दामोदर मामा हेमुली बोज्यू को दरवाजे की ओर धक्का देने लगे और हेमुली बोज्यू विलाप और विरोध एक साथ करते हुए सामान और सम्मान सहित विदा किये जाने के लिए जिद करती रहीं और दुहराती रहीं कि ऐशी तश्वीरें हैं कहा, जो झूठ बोल रहा हो उशे कोढ़ हो जाये।

हेमुली बोज्यू दामोदर मामा के धक्के खाते-खाते क्वाटर के बरामदे में पहुँच चुकी थीं कि हरिया अपनी हरक्यूलीज पर सवार होकर उनकी रक्षा को आया। हेमुली बोज्यू चीखीं, "लला, इन्हें बताओ कि तुमने तश्वीरें दिखायीं तभी मैंने पिरूली कैंजा का नाम लिया।"

और दामोदर मामा ने दोहराया, "कोई तस्वीर-हस्वीर नहीं थी, तू दफा हो जा यहाँ से।"

हरिया ने बड़े नाटकीय ढंग से अपने झोले में रखी तस्वीरों की गड्डी उठायी और दामोदर मामा की ओर बढ़ायी। मामा ने उसे परे झटकना चाहा और इस कोशिश में तस्वीरें बिखर गयीं। जब तक मामा-भानजा उन्हें चुनते आसपास जमा तमाशबीनों को उनकी एक झलक मिल ही गयी।

उसी शाम पिरूली कैंजा हरिया को साथ लेकर दामोदर मामा से मिलने पहुँचीं। बोलीं, "मैंने सुनी आप मेरे से मिलने आये थे दाज्यू।"

मामा ने मुँह फेर लिया, "अब मैं तुमसे नहीं मिलना चाहता।"

पिरूली कैंजा चारपाई की परिक्रमा करके ठीक उनके मुँह के सामने बैठ गयीं और बोलीं, "लेकिन मैं आपसे मिलना चाहती हूँ। एक बार पहले भी आपने मुझे बिरादरी में बदनाम कराया था और आज भी ऐसा ही कुछ कर आये

हैं। आपने तब लोगों से यह नहीं कहा कि मैंने ही आपकी बैंणी[1] की ओर से चिट्ठी भेज के आपको बुलवाया था हरमौर कि मुझे राक्षस राय सैप के चंगुल से छुड़ा ले जाओ करके। आपने लोगों से यह भी नहीं कहा कि आपकी बैंणी ने आपको बताया था कि पिरूली का कोई दोष नहीं है। उसने कोई ऐसा-वैसा काम नहीं किया है। और आज आपने हरिया के क्वाटर में चीख-चिल्लाकर और मेरी न जाने किस जमाने में, किस-किस धोखे और किस-किस दबाव में खींची गयी गन्दी तस्वीरें बिखराकर मुझे फिर बदनाम करा दिया।"

"मैंने तुझे कभी बदनाम नहीं किया।" दामोदर मामा ने आँखें बन्द कर लीं। "तुझे बदनाम करने का मतलब राय सैप को बदनाम करना होता।"

"वही मैं कह रही हूँ।" पिरूली कैंजा बोलीं, "राक्षस राय सैप की नेकनामी बचाने के लिए आपने मुझे बदनाम होने दिया। आपने कभी नहीं कहा कि सारा दोष ढोंगी राय सैप का ठहरा।"

"ताली एक हाथ से नहीं बजती।" दामोदर मामा उठ बैठे, "और इस बेकार की बहस से अब कोई फायदा है नहीं पिरूली। आश्रम में भर्ती हो गयी है, वहीं वापस चली जा। हरिया की बची-खुची जिन्दगी बरबाद मत कर।"

पिरूली कैंजा खड़ी हो गयीं। बोलीं, "बजवाने वाले दूसरे हाथ को हथकड़ी डाल के ताली बजवा लेते हैं दामोदर दा। और मैं यहाँ आपके हरिया को बरबाद करने नहीं आ रही हूँ। वह अपने बाबू के पापों का प्रायश्चित्त करना चाह रहा है बिचारा। मैं इस काम में उसकी मदद करने आ रही हूँ। जैसे बाप के पापों की गवाह रही, वैसे बेटे के प्रायश्चित्त की गवाह रहेगी यह तुम्हारी अभागन पिरूली।"

"प्रायश्चित्त की हम बाद में देखते रहेंगे। तू फौरन चली जा यहाँ से। तेरी हरिया को कोई जरूरत नहीं है।"

"है।" पिरूली कैंजा ने जाते-जाते कहा, "उसे अपने बाबू के पिटार में जो चिट्ठी मिली है वह किसी तिब्बती लामा की है। बौद्ध होने के नाते मैं उस लामा की खोज करने में मदद दे ही सकती हूँ।"

•

---

1. बहनी = छोटी बहन

सारी बिरादरी में दो समाचार तेजी से फैल गये। पहला पिटार में मिले अश्लील चित्रों के विषय में था और दूसरा इस बारे में कि हरिया ने इलाज के नाम पर लम्बी छुट्टी और भविष्यनिधि से लम्बी-चौड़ी पेशगी के लिए आवेदन कर दिया है, किन्तु इस अवकाश और धनराशि का वह अस्पताल में भर्ती होने की बजाय हरमौर की तीर्थ-यात्रा पर निकलने के लिए उपयोग करने वाला है। दोनों ही समाचारों में नायिका का दर्जा पिरूली कैंजा का था। पहले में वह लजाते-सकुचाते ही सही, नहाने-धोने, कपड़े बदलने, या बेखबर पड़े हुए होने के बहाने अंग-प्रदर्शन करने वाली एक बेशर्म युवती थी तो दूसरे में दामोदर मामा की बोलती बन्द करके आयी और हरिया को बौद्ध बनाने में जुटी हुई एक बेढब और दबंग और पता नहीं किस जप-तप या जादू-टोने के प्रताप से अब भी आकर्षक बुढ़िया थी।

बेढब, दबंग और आकर्षक बुढ़िया के साथ हरिया को हरमौर रियासत जाने से रोकने के लिए बिरादरी के हर ऐसे व्यक्ति ने थोड़ी-बहुत कोशिश की जो भावुकता को वैज्ञानिकता से ऊँचा दर्जा देने में संकोच करता था। जहालत की तोहमत से बचने की इच्छा रखने वाले इन लोगों ने हरिया का ध्यान इस ओर दिलाया कि आस्ट्रेलिया वाले गूमालिंग का तो लिखित प्रमाण है लेकिन हिमाचल के गूमालिंग का नहीं है। यह भी तो हो सकता है कि हरिया से अपने बाबू की बात सुनने-समझने में गलती हो गयी हो। हरिया के दुर्भाग्य से हिमाचल के सूचना निदेशक के यहाँ से यह सूचना मिली कि गूमालिंग नामक कोई भी जगह नहीं है। और अगली ही डाक से वह पत्र लौट आया जो हरिया ने अपने बाबू के पिटार से प्राप्त रिंग्याग चो के पत्र के उत्तर में भेजा था। डाक विभाग ने लिखा था कि यह व्यक्ति अब इस पते पर नहीं रहता।

इन पत्रों के मिलने के तुरन्त बाद हरिया को तीसरा दौरा पड़ा जिसमें वह सोयी हुई पिरूली कैंजा के ऊपर गिर पड़ा। सनसनीबाज लोगों को इस घटना की भी ऐसी-वैसी व्याख्या करने का सुअवसर मिला। डॉक्टर नीलाम्बर ने हरिया पर बहुत जोर दिया कि अपनी और चिकित्सा-विज्ञान की भलाई के लिए फौरन अस्पताल में भर्ती हो जाये। हरिया ने दृढ़ता से कह दिया कि अस्पताल तो मेरे तन का ही इलाज कर सकता है, मेरे मन का इलाज तो

प्रायश्चित्त करके ही होगा। उससे कहा गया कि जब गूमालिंग है ही नहीं, तब प्रायश्चित्त करने जाओगे कहाँ ?

वह इस सवाल के सामने कुछ-कुछ लाजवाब होने लगा था कि अतुल ने उसे सुझाया कि गूमालिंग के बारे में अपनी जिज्ञासा समाचार-पत्रों में छपवाये।

स्टेट्समैन में हरिया का पत्र छपने के चौथे दिन एक फटेहाल एंग्लो-इंडियन हैरी स्मिथ उसके क्वाटर में पैदल पहुँचा। वह बगल में एक खस्ताहाल फाइल दबाये हुए था। उसमें से उसने किसी पुरानी मशीन से टाइप किये हुए कुछ कागज निकाले। उसने हरिया से कहा, "मुझे घुमक्कड़ी का शौक था। घुमक्कड़ी के बारे में पुरानी किताबें जमा करता रहा था। दुर्भाग्य से आर्थिक स्थिति बिगड़ जाने पर मुझे अपने संग्रह के कई दुर्लभ ग्रन्थ बेच देने पड़े हैं। अभी ज़ब स्टेट्समैन में आपका पत्र पढ़ा तब मुझे याद आया कि प्रसिद्ध घुमक्कड़ मेजर जॉन मूर की 'माई ट्रैवल्स इन नॉर्थ वैस्ट इंडिया' की एक खस्ताहाल और दीमकों की खायी हुई प्रति अब भी मेरे पास है। उसके पन्ने पलटे तो गूमालिंग का विवरण मिल गया। उसे टाइप करवा के ले आया हूँ। पुस्तक इस हालत में नहीं थी कि उसे यहाँ ला सकता।"

गूमालिंग के अस्तित्व का यह लिखित प्रमाण पाकर हरिया बहुत सन्तुष्ट हुआ और बार-बार अपने से, इसलिए आसपास खड़े लोगों से भी, यह कहता रहा कि गूमालिंग है, मैं पगलेट नहीं कर रहा था, गूमालिंग है। हरिया को इस संयोग से हैरानी हुई कि गूमालिंग की सूचना लाने वाला मेरा नाम-राशि है। हैरी-हरिया एक ही बात हुई, नहीं ? यही नहीं, इसके पिता का नाम भी गैरी है ! यह वाक्य कई बार दोहरा चुकने पर उसने हैरी से चाय-पानी या भोजन ही कर लेने को कहा।

हैरी ने लौटने की जल्दी की बात कह के शक्तिनगर से आने-जाने के टैक्सी भाड़े, टाइप कराने के खर्च और एक बोतल व्हिस्की तथा एक मुर्गे के पैसों का सवाल उठाया।

हरिया ने खुशी-खुशी पैसे दे दिये। चन्द टाइप किये हुए कागजों की खातिर चार सौ रुपया दे देना भी हरिया के पागल होने का प्रमाण माना गया। खासकर तब जब अनुवादक के रूप में आमंत्रित अतुल ने बताया कि

इसमें गूमालिंग का जिक्र तो है लेकिन उसका ठीक से कोई अता-पता नहीं दिया गया है। या यों कहना चाहिए कि अते-पते के तौर पर पास-पड़ोस के जिन स्थानों का नाम इसमें दिया गया है, वे बड़े नक्शे में भी कहीं दिखाई नहीं देते। अगर हरिया ने गूमालिंग-गूमालिंग इसलिए लगा रखी थी कि वह वहाँ अपने बाबू की आत्मा की शान्ति के लिए कोई पूजा-पाठ करवाना चाहता था तो इन कागजों से उसे क्या हाथ लग गया जो चार सौ रुपया दे दिया—बिरादरी ने पूछा हैरान होकर!

•

जो हो, हैरी के दिये हुए इस अमूल्य अथवा मूल्यहीन विवरण का हिन्दी अनुवाद इस प्रकार है :

हरमौर रियासत की उत्तरी सीमा पर मुझे अश्व-पथ के दाहिनी ओर देवदार का एक घना जंगल दिखाई पड़ा। मैंने अपने पथ-प्रदर्शक से उस जंगल के रास्ते चलने को कहा। वह ऐसे चौंका मानो मैंने कुफ्र करने का सुझाव दिया हो। उसने बताया कि वह गूमालिंग के हिस्से का जंगल है जिसमें कदम रखने का दुस्साहस स्थानिक निवासी तक तभी करते हैं जब वर्ष में एक बार गूमालिंग का पुजारी अपने देवता का प्रतिनिधि बनकर पेड़ कटवाने आता है। वह केवल इतनी लकड़ी कटवाता है कि देवता के सालभर का ईंधन अलग रखने के बाद बाकी को बेचकर देवता के लिए सालभर की खाद्य तथा अन्य सामग्री खरीदी जा सके। पुजारी की अगुवाई के बिना जंगल में घुसना अपने ही नहीं, अपने कुनबे के सर्वनाश को आमंत्रित करने बराबर समझा जाता है।

मैं तो तभी इस निषिद्ध वन में प्रवेश करना चाहता था, लेकिन मेरा पथ-प्रदर्शक ही नहीं, सईस और कुली भी उस हालत में तुरन्त वापस चले जाने की धमकी देने लगे। हम परम्परागत रास्ते से पूर्वोत्तर में तिब्बत की ओर बढ़ने लगे। मैंने गूमालिंग देवता के बारे में पथ-प्रदर्शक से जिज्ञासा की तो मुझे यह सुनकर अत्यन्त आश्चर्य हुआ कि जिस गूमालिंग से वह इतना डरता

है, उसके बारे में कुछ भी नहीं जानता है। उसका कहना था कि हम लोगों में गूमालिंग के बारे में आधे-अधूरे ढंग से कुछ जानने की कोशिश करना और गूमालिंग के बारे में पूरी तरह जान लेना, दोनों ही समान रूप से आत्मघाती माने जाते हैं। जो आधे-अधूरे ढंग से जान लेता है, उसे गूमालिंग द्वारा इसलिए जिन्दा नहीं रहने दिया जाता कि उसके द्वारा अधकचरा ज्ञान फैलाये जाने से लोग व्यर्थ ही भयभीत और विरक्त होंगे। जो पूरी तरह जान लेता है, उसे दो कारणों से ऊपर बुला लिया जाता है। पहला यह कि उसका नीचे रहने का दण्ड-काल पूरा हो चुका होता है। दूसरा यह कि उस पूर्ण-ज्ञान-प्राप्त के संसार में बने रहने से सृष्टिकर्ता का रहस्य खुल सकता है और रहस्य इसलिए नहीं खुलने दिया जा सकता है कि उसके खुलते ही सारी सृष्टि, फिर सृष्टिकर्ता में विलीन हो जायेगी।

मेरे यह जिज्ञासा करने पर कि क्या गूमालिंग का पुजारी भी गूमालिंग के बारे में कुछ नहीं जानता अथवा जानना चाहता, मेरे पथ-प्रदर्शक ने बताया कि गूमालिंग का पुजारी बनने वाला व्यक्ति तीन-चौथाई ज्ञान प्राप्त किया हुआ होता है, यानी वह अधकचरे ज्ञान का प्रसार करने के खतरों से अवगत होता है और यहाँ संसार में गूमालिंग की पूजा करते रहने की खातिर वह पूर्ण ज्ञान प्राप्त करके फौरन सीधा स्वर्ग जाना नहीं चाहता। पचासवें वर्ष में कदम रखने पर पुजारी अपने किसी सुयोग्य चेले को एक झटके से तीन-चौथाई ज्ञान तक पहुँचाकर गूमालिंग के पूजन की जिम्मेदारी उठाने लायक बना देता है और फिर स्वयं पूर्ण ज्ञान प्राप्त करने में जुट जाता है।

मेरे मन में गूमालिंग के विषय में बहुत कुतूहल जागा और हरमौर की सीमा के पार अपने गन्तव्य लोसर पहुँचकर मैं किसी ऐसे स्थानीय पथ-प्रदर्शक की खोज में निकला जो मुझे गूमालिंग का रास्ता दिखाने को तैयार हो। लेकिन मैंने पाया कि वहाँ हर कोई गूमालिंग का नाम सुनते ही कान में अंगुलियाँ डालता भाग खड़ा होता है। ऐसे एक व्यक्ति को मैंने दौड़कर पकड़ लिया और तरह-तरह से डरा और ललचाकर उससे कहा कि मुझे कम-से-कम यह तो बता दे कि गूमालिंग का रास्ता किधर से है? वह थर-थर काँपता हुआ बोला, "जनाब, मैं न इस बारे में जानता हूँ और न जानना

चाहता हूँ क्योंकि हमारी तरफ एक कहावत है, जानने से जान जाती है। आप हन्सी जाकर पता कर लें।"

स्थानीय लोगों के इस भयभीत असहयोग से गूमालिंग के विषय में मेरी उत्कंठा घटने की बजाय और भी भड़क उठी। मैं हन्सी पहुँचा। एक तरह से यही इस प्रदेश का आखिरी आबाद इलाक़ा था। मैंने कई लोगों से गूमालिंग के विषय में पूछा और पाया कि यहाँ तो लोग-बाग उसका नाम सुनकर भी अनसुना कर देते हैं मानो नाम सुन लेने की स्वीकृति भी घातक हो। बड़ी मुश्किल से एक बुजुर्ग लामा ने अँगूठे से तिब्बत की दिशा में इशारा किया और लोसर में सुनी हुई कहावत का एक अन्य रूप प्रस्तुत किया कि जिज्ञासा जानलेवा होती है।

उस रात गाँव के मुखिया गदपो के पत्थर को पत्थर पर रखकर बनाये गये केवल एक दरवाजे और एक खिड़की वाले उस विचित्र मकान में, जिसका एकमात्र उद्देश्य शीत के आक्रमणों का प्रतिरोध करना जान पड़ता था, याक के बालों से बनी थोबी पर लेटने के बाद मुझे बहुत् देर तक यही सोच-सोचकर नींद नहीं आयी कि अगर गूमालिंग सीमा-पार तिब्बत में है तो मुझे स्पिती से होकर जाना चाहिए था या फिर किन्नौर से। यहाँ से लद्दाख जाकर ही तिब्बत की ओर जाने के आसान रास्ते मिल पायेंगे। अगली सुबह बड़ालाचा दर्रे की ओर निकल जाने और वहाँ से लद्दाख की ओर कूच करने का फैसला करते हुए मैं सो गया।

अभी मेरी आँख लगी ही थी कि किसी ने दरवाजा खटखटाया। आगन्तुक ने अपना परिचय कैप्टेन ट्रैवर मर्डिथ के रूप में दिया और असमय मुझे जगाने के लिए क्षमा-याचना करने के बाद कहा, "एक लम्बी कूच के बाद मैं यहाँ शरण और भोजन की तलाश में आया था। शरण तो खैर मैं चरवाहों की किसी ठाँव में ले लूँगा लेकिन भोजन के बिना मेरा दम ही निकल जायेगा। आप कुछ बिस्कुट वगैरह दे सकें तो मैं बहुत आभार मानूँगा।"

उसे पनीर और क्रीम-क्रैकर और थोड़ी-सी ब्राण्डी देते हुए मैंने कहा, "इतनी रात कहीं जाने की जरूरत नहीं है कैप्टेन, आप यहीं पड़े रहिए, मुझे कोई असुविधा नहीं होगी। कल सुबह चार बजे तो मैं यहाँ से निकल जाऊँगा। प्रसंगवश आप कहीं मेरे पर्वतारोहण-गुरु ससेक्स रेजिमेण्ट वाले

कर्नल हैरिसन मर्डिथ के तो कुछ नहीं लगते?"

आगन्तुक जो शायद कई दिनों का भूखा था, बिस्कुटों पर टूट पड़ा और मुँह में ग्रास भरे-भरे ही उसने सूचित किया कि कर्नल मेरे रिश्तेदार तो नहीं हैं, मगर गुरु जरूर रहे हैं। फिर उसने जानना चाहा कि आप सवेरे-सवेरे कहाँ जाने की सोच रहे हैं? तब मैंने उसे बताया कि मैं गूमालिंग की खोज में भटक रहा हूँ। मेरा इरादा यहाँ से लद्दाख जाकर इमिस ला दर्रे से तिब्बत में घुसने का है।

ब्राण्डी की घूँट से गला तर करने के बाद वह बोला, "अब इसे आप अपना सौभाग्य ही कहिए कि एक लगभग असम्भव-से संयोग से कर्नल मर्डिथ का एक शिष्य गूमालिंग की खोज करके लौट रहा है और दूसरा उसकी खोज में निकल रहा है। आपको बिल्कुल भटकना न पड़े शायद इसीलिए गूमालिंग देवता ने मुझे यहाँ भेजा होगा। कागज-कलम दीजिए तो मैं आपके लिए रास्ते का नक्शा बना दूँ।"

मैंने उसे नक्शा बनाने के लिए सामग्री दी और कहा, "यहाँ तो सभी लोग गूमालिंग के बारे में बात करने से बहुत घबराते हैं।"

वह मुस्कराया, "हाँ, गूमालिंग के इलाके में कहावत है, वह जो जानता है, जाता है। और मैं व्यक्तिगत अनुभव से कह सकता हूँ कि इस कहावत में जान है। वैसे आप क्या जानना चाहते हैं? शायद मैं बता सकूँ।"

"सबसे पहले तो यही कि गूमालिंग है क्या? मैंने उसके संदर्भ में पुजारी की बात सुनी है। इसका मतलब है कि उसकी पूजा की जाती होगी। क्या वह हिन्दुओं के लिंगम् जैसा कोई बुत है? और इसमें जो प्रत्यय 'गू' जुड़ा हुआ है क्या वह विष्ठा का हिन्दुस्तानी पर्याय ही है?"

कैप्टेन हँसते हुए बोला, "हिन्दुस्तानी जाननेवालों को अक्सर यह गलतफहमी होती है। गूमालिंग हिन्दुस्तानी का शब्द नहीं है, बल्कि यह तो किसी स्थानिक बोली या तिब्बती भाषा का भी शब्द नहीं है। तिब्बती का होता तो इसका अर्थ होता श्रेष्ठ विहार जब कि गूमालिंग में कोई विहार नहीं है। बस, एक निर्जन वनस्पतिहीन पठार है। ऐसा समझा जाता है कि भारत-तिब्बत सीमा के तान्त्रिक सिद्धपुरुषों की अपनी कोई संकेत-भाषा होती है और गूमालिंग शायद उसी का शब्द है। शायद इसलिए कि वे सिद्धपुरुष स्वयं तो ऐसा नहीं कहते हैं।"

"आपके कहने का यह मतलब है कि गूमालिंग एक बेमतलब शब्द है?" मैंने पूछा।

कैप्टेन गम्भीर होकर बोला, "यह तो इतना ज्यादा मानीखेज बताया जाता है कि मतलब समझते-समझते जिन्दगानी बीत जाये। जहाँ तक मैं समझ पाया हूँ, गूमालिंग का अर्थ 'मैं ही वह दूसरा' है।"

"वह दूसरा!" मैंने आश्चर्य से कहा।

"हाँ।" वह बोला, "इन लोगों के जीवन-दर्शन में प्रतिरूप का महत्त्वपूर्ण स्थान है। ये लोग मान के चलते हैं कि हर व्यक्ति-जैसा एक दूसरा व्यक्ति भी होता है। ये दूसरा उसके साथ छाया की तरह चलता है। इसीलिए इनमें छाया के बारे में बड़े अंधविश्वास हैं। यहाँ हर व्यक्ति अपनी छाया के विषय में बहुत सतर्क रहता है क्योंकि मान्यता है कि छाया को जो कुछ कर दिया जाये वही फौरन व्यक्ति पर भी घटित हो जाता है। सतर्क रहने की इस कोशिश में कठिनाई इस कारण पड़ती है कि एक अन्य मान्यता के अनुसार अपनी परछाईं खुद देख लेना व्यक्ति के लिए घातक हो सकता है। यही कारण है कि उस क्षेत्र के लोग उन प्रहरों में घर से प्रायः बाहर नहीं निकलते जिनमें परछाइयाँ लम्बी पड़ती हैं। इसी मान्यता के चलते ये लोग दर्पणों के विरोधी हैं और नदी या झील से पानी भरते हुए अथवा उनमें नहाते हुए अपनी आँखें बन्द किये लेते हैं।"

कैप्टेन मर्डिथ ने इस बीच गूमालिंग के रास्ते का कच्चा नक्शा तैयार कर दिया था। उसे मेरी ओर बढ़ाते हुए वह मुस्कराकर बोला, "बाकी सब आप वहाँ पहुँचकर स्वयं ही जान जायेंगे। मैं नहीं चाहता कि आपको पूरी जानकारी हो जाये और अपने गन्तव्य तक पहुँचने से पहले ही आप प्राणी-मात्र के महागन्तव्य तक पहुँच जायें।"

वह मुस्करा रहा था इसलिए मैं भी मुस्करा दिया। मैंने नक्शे पर एक सरसरी निगाह मारी और फिर उसे कैप्टेन मर्डिथ को दिखाते हुए कहा, "इसमें आपने गूमालिंग को किसी एक बिन्दु से दर्शाने की बजाय एक बड़ा-सा गोला बनाकर यह क्यों लिख दिया है कि गूमालिंग यहीं-कहीं?"

नक्शा मेरे हाथ से लेते हुए वह बोला, "गूमालिंग किसके लिए कब, कहाँ होगा यह तो पुजारी ही बता सकता है। वर्ष में एक बार जब परछाईं-पर्व

के अवसर पर तीर्थयात्री वहाँ पहुँचते हैं तब पुजारी भोज वृक्ष की शाखा लेकर हर यात्री के साथ अलग-अलग इस सारे पठार में. घूम-घूमकर पता करता है कि उस यात्री-विशेष के गूमालिंग ने अपनी ठाँव इस बार कहाँ बनायी है ? उसी जगह बैठकर वह पूजा करता और कराता है। मैं इस गोले के बीच में पड़ने वाली पवित्र झील दिखाना भूल गया हूँ। लीजिए, उसका निशान बना दिया। अब आप इस जगह को आसानी से पहचान पायेंगे।"

नक्शा अच्छी तरह मोड़कर मैंने अपने पिट्ठू में डाल दिया और एक अन्तिम जिज्ञासा की, "वहाँ पूजन किस चीज का होता है ?"

ब्राण्डी का अन्तिम घूँट लेकर, अपने पिट्ठू का सिरहाना बनाते हुए वह मुस्कराकर बोला, "दर्पण का। पुजारी तीर्थयात्री के सामने अपना वह दर्पण रखता है जो सदा कस्तूरी-मृग की छाल से ढका रहता है। फिर तीर्थयात्री को हजामत का सामान देकर वह स्वयं दर्पण के पीछे चला जाता है और मृग-छाल हटाकर मंत्रोच्चार शुरू करता है। उसके मंत्र में बार-बार तीर्थयात्री का नाम और गूमालिंग का नाम आता है। मानो उसकी स्तुति दोनों को ही समान रूप से समर्पित हो। इस बीच यात्री अपनी हजामत बना लेता है। फिर पुजारी पवित्र झील में आँखें मीचे-मीचे स्नान करने के लिए ले जाता है। स्नान कर चुकने के बाद पुनः उसी मंत्रोच्चार के साथ यात्री को झील में अपना प्रतिबिम्ब देखने दिया जाता है। इसके साथ ही पूजा समाप्त होती है और यात्री गूमालिंग के नाम की भेंट और पुजारी की दक्षिणा जिन्स के रूप में चढ़ाकर चला जाता है। और अब मेरे विचार से आपको मोमबत्ती बुझाकर सो जाना चाहिए क्योंकि सबेरे जल्दी जाना है।"

मैंने बत्ती बुझाते-बुझाते भी पूछ ही लियां, "आप तो कहते थे कि उस इलाके में यह मान्यता है कि दर्पण नहीं देखा जाना चाहिए। फिर तीर्थयात्री दो-दो बार गूमालिंग में अपना प्रतिबिम्ब कैसे देख लेता है ?"

कैप्टेन मर्डिथ हँसा, "उन्हीं लोगों में यह मान्यता भी है कि मरने से पहले अपने प्रतिरूप को देख लेना जरूरी है। आम तौर पर पुण्यात्मा व्यक्ति को मरने से पहले अपना प्रतिरूप सहज ही दिख जाता है। जो सिद्ध होते हैं उन्हें तो मरने वाले अपने हर परिचित और परिवार-जन का प्रतिरूप उसकी मृत्यु होने के दिन दिख जाता है, भले ही वह सैकड़ों मील की दूरी पर हो।

इसी क्षमता के प्रताप से वह खबर न मिलने पर भी अन्त्येष्टि पर पहुँच जाते हैं। किन्तु साधारण व्यक्ति अपना प्रतिरूप अपनी मृत्यु के समय भी नहीं देख पाता है। ऐसा न करने से उसके लिए दो खतरे हो जाते हैं। पहला यह कि उसकी प्रेतछाया यहीं रहकर परिचितों को परेशान करती रहे। दूसरा यह कि ऊपर उसे अकेले ही चले आने पर टोका जाये और स्वर्ग और नरक के बीच के निर्जन प्रदेश में हमेशा-हमेशा के लिए एकाकी और प्रतिरूपहीन होकर भटकने के लिए छोड़ दिया जाये। इन खतरों को टालने के लिए ही साधारण पापी जन, स्वास्थ्य बिगड़ने का कोई भी संकेत मिलते ही गूमालिंग तीर्थयात्रा के लिए निकल पड़ते हैं और दर्पण-दर्शन का अनुष्ठान सम्पन्न करा आते हैं । किसी को भी वर्ष में एक बार से ज्यादा इस अनुष्ठान के लिए आने की अनुमति नहीं दी जाती है। पचास वर्ष से अधिक आयु के लोग एहतियात के तौर पर प्रतिवर्ष यह अनुष्ठान कर आते हैं।"

अपना अन्तिम वाक्य कैप्टेन उबासी लेते हुए बोला और फिर वह खामोश हो गया। मुझे भी नींद आ गयी।

अगले दिन जब मैं उठा तब वह कमरे में न था। मैंने मोमबत्ती जलायी और थोड़ी देर आसपास उसे ढूँढ़ा। फिर यह मानकर कि वह अपनी यात्रा पर मुझसे भी जल्दी निकल गया होगा और विदा लेने के लिए मुझे उठाना उसने उचित न समझा होगा, मैं उसके दिये हुए नक्शे के सहारे गूमालिंग की खोज में निकल पड़ा।

हन्सी से मैंने स्पिती नदी के दायें किनारे उत्तर-पूर्वोत्तर की ओर बढ़ना शुरू किया और फिर क्योतो से पूर्वोत्तर दिशा पकड़ ली। टाक्लिग नाला के किनारे आ पहुँचा। इस इलाके में छोटी पहाड़ी नदियों को नाला कहने का रिवाज है हालाँकि ये छोटी नदियाँ उनके लिए खासी खोटी भी साबित हो सकती हैं, जो इनके तेज और बर्फानी प्रवाह और ऋतुओं के साथ बदलते स्वरूप और स्वभाव के प्रति सतर्क नहीं रहते। इस तरह के सबसे बड़े नाले को 'पगला' का विशेषण देने वाले पहाड़ी नदियों की उच्छृंखलता से सुपरिचित रहे होंगे।

टाक्लिग नाला की सँकरी घाटी मुझे लगभग निर्जन और वनस्पतिहीन मिली। कभी-कभी कोई गड़रिया मिल जा रहा था और कहीं-कहीं पत्थरों से की गई घेराबन्दी के बीच पत्थरों के ही चूल्हों में पड़ी पहाड़ी घास की राख

यह सूचित कर रही थी कि कुछ सिरफिरे इधर से भी तिब्बत आते-जाते हैं। नाले की वादी से ऊपर चढ़ते हुए मैं टाक्लिंग ला नामक दर्रे पर पहुँचा और वहाँ से उतरकर मैं एक ऐसे प्रदेश में आ गया जिसका ज़िक्र, मर्डिथ के दिये नक्शे के बाहर, मुझे न पहले कहीं मिला था, न बाद में। वहाँ पहुँचकर मुझे ऐसा प्रतीत हुआ कि निष्कलंक धवलता का यह आश्चर्यलोक विधाता ने सूर्य को दर्पण दिखाने के लिए रचा है। और इसमें कोई भी प्राणी, कैसी भी वनस्पति इस भय से नहीं रखी है कि कहीं दर्पण में दाग न पड़ जाय।

नीचे की वादी में बायें हाथ घूमकर फिर से चढ़ाई मिली। पूर्वोत्तर में चार मील चढ़कर मैंने अनियार-घनियार नामक उस गुफा की खोज शुरू की जो मर्डिथ के नक्शे में बनी हुई थी। शायद इसमें दूरियाँ मोटा-मोटी ही दी गयी थीं क्योंकि यह गुफा मुझे निर्दिष्ट स्थान से कोई डेढ़ मील नीचे मिली। दूरी भले ही गलत थी लेकिन गुफा का वर्णन बिल्कुल सही निकला। वह सचमुच एक गहन अंधकारमय लगभग तीन फर्लांग लम्बी सुरंग निकली जिसके दूसरे सिरे पर चट्टान खिसकायी तो ठीक नक्शे के अनुसार मुझे पूर्व दिशा की ओर जाता अजापथ दिखाई दिया।

कोई दस मील तक सहजसाध्य उतार-चढ़ाव वाला रास्ता तय करने को मिला, जिसके अन्त में यौनांग खुजरी नामक गड़रियों का ग्रीष्मकालीन पड़ाव दिखाई दिया। रात वहीं विश्राम किया और अगली सुबह सामने खड़े हिमाच्छादित चोटी वाले रूपान-रोहान पर्वत पर चढ़ना शुरू किया। कोई छह मील कठिन और घुमावदार चढ़ाई के बाद मैं तिस्ना-ला दर्रा पहुँच सका, जहाँ से मदजौलजीबी नदी की सँकरी घाटी का विहंगम दृश्य दिखाई दे रहा था और इतनी ऊँचाई से भी नदी और चट्टानों की बातचीत का शोर सुनाई दे रहा था। अपनी गर्दन बायीं ओर घुमाकर मैंने नदी के उस पार दक्षिण-पश्चिम में उठे हुए एक पठार के बीचोबीच नीलमणि-सी चमकती हुई वह झील देखी जिसे कैप्टेन मर्डिथ गूमालिंग की निशानी बता गया था।

नक्शे के अनुसार मैं तिस्ना ला से तीन मील तक नीचे उतरता चला गया। वहाँ नक्शे में पुजारी की कुटिया बताई गयी थी और लिखा था : आगे का खुफिया रास्ता उससे पूछ लें। मुझे कुटिया मिली, मगर पुजारी नहीं। दो दिन तक मैंने उसकी प्रतीक्षा की। फिर अपने पास की खाद्य-सामग्री खत्म

होती देख, मैंने स्वयं ही नीचे उतरकर नदी पार करने का निर्णय किया।

लेकिन घाटी तक का उतार बहुत ही तीखा था और चट्टानों के बीच कहीं भी जरा-सा रास्ता बना हुआ नहीं था। ऐसी उभरी हुई चट्टानें भी बहुत थोड़ी और बहुत दूर-दूर पर थीं, जिन्हें पकड़-पकड़कर उतरा जा सकता। कोई साथी होता, रस्सा, हथौड़ा और चट्टान-कीलें होतीं, तो बात और थी। फिर भी मैं दुस्साहस करता रहा। करीब दस फुट नीचे उतरा होऊँगा कि मैं फिसल गया। एक उभरी हुई चट्टान की कृपा से ही मैं हजारों फुट नीचे घाटी में गिर जाने से बच पाया। चट्टान पर गिरने से मेरे बायें हाथ की कलाई की हड्डी टूट गयी। मैंने गूमालिंग कभी और कैप्टेन मर्डिथ के साथ जाने का मनसूबा बनाकर हन्सी की ओर अपनी वापसी शुरू कर दी। टूटा हाथ लेकर तिस्ना ला तक चढ़ना और फिर यौनांग खुजरी तक का तीखा उतार तय करना तो सम्भव था लेकिन मदजौलजीबी की घाटी तक उतरना और वापसी में तिस्ना ला तक की चढ़ाई तय करना दोनों असम्भव थे।

•

हन्सी से हरमौर फिर हरमौर से कुल्लू तथा शिमला की तरफ लौटते हुए मैंने लगभग हर पड़ाव पर कैप्टेन मर्डिथ के बारे में पूछताछ की, लेकिन कहीं भी उसके उधर से गुजरने का समाचार नहीं मिला। मैंने तय पाया कि मर्डिथ हन्सी से बड़ालाचा ला की ओर निकल गया होगा। खैर, शिमला पहुँचकर मैंने कर्नल मर्डिथ को अपनी यात्राओं का संक्षिप्त विवरण देते हुए एक पत्र भेजा और उसमें उनके शिष्य कैप्टेन मर्डिथ से हुई आकस्मिक भेंट का उल्लेख किया। कुछ महीनों बाद उनका पत्र मिला, जिसमें और बातों के साथ-साथ यह सूचना भी दी गयी थी कि कैप्टेन मर्डिथ को गुजरे हुए चार वर्ष हो चुके हैं। वह टाक्लिग दर्रे के आसपास ही कहीं फिसलकर खड्ड में जा गिरा था और उसकी लाश जनजाति के लोगों का पुजारी इन्दरी-उन्दरी नामक किसी खुफिया सुरंग के रास्ते से होकर हन्सी पहुँचा गया था। वहीं मर्डिथ की कब्र भी है।

इस सूचना ने मुझे हतप्रभ कर दिया। तो क्या मुझे वहाँ हन्सी में कैप्टेन मर्डिथ की प्रेतछाया मिली थी? अगर वह प्रेत था तो उसका बताया हुआ रास्ता सही कैसे निकला? तिस्ना ला के बायीं ओर नदी पार के पठार पर शून्य की आँख की तरह खुली गूमालिंग की वह झील कैसे दिखाई दे गयी? क्या तिस्ना ला के बाद का वह जोखिम-भरा उतार है ही इसलिए कि गूमालिंग तक कोई जिज्ञासु अपने-आप न पहुँच सके? उसे इन्दरी-उन्दरी वाले खुफिया मार्ग को खोजने के लिए पुजारी की शरण लेनी ही पड़े? क्या कैप्टेन मर्डिथ भी तिस्ना ला से मदजौलजीबी की घाटी तक के तीखे उतार में उसी तरह फिसला था, जिस तरह मैं? कहीं ऐसा तो नहीं कि कैप्टेन मर्डिथ का प्रेत जान-बूझकर मुझे गलत रास्ता बता गया? और क्या इस सम्भावना से इनकार किया जा सकता है कि गूमालिंग जैसी कोई जगह है ही नहीं?

मैं अपने हाथ की हड्डी के जुड़ने की प्रतीक्षा करते हुए सतत इस प्रयास में रहा कि गूमालिंग के विषय में प्रामाणिक जानकारी दे सकने वाला कोई जीवित अधिकारी व्यक्ति मुझे मिल सके। इस सम्बन्ध में मित्रों ने मुझे सलाह दी कि मैं नारकण्डा जाकर रैवरेण्ड विलियम ब्लैक से अवश्य मिल लूँ, जो पवित्र बाइबिल का भारत-तिब्बत सीमा की बोलियों में अनुवाद करने में जुटे हुए हैं। मैं जाकर रैवरेण्ड से मिला और उन्होंने बताया कि तुम्हें मर्डिथ के प्रेत ने जो भी ब्रातें बताई हैं वे मोटा-मोटी सही हैं। जहाँ तक गूमालिंग पहुँचने के रास्ते का सम्बन्ध है तिस्ना ला के नीचे से मिलने वाली खुफिया सुरंग का आज तक किसी को कुछ पता चल नहीं सका है। श्रद्धालु लोग अवश्य यह दावा करते हैं कि गूमालिंग का पुजारी भक्तों की आँखों पर पट्टियाँ बाँधकर सुरंग के मार्ग से ले जाता है। मजे की बात यह है कि भक्तों को चल के जाने का कोई आभास नहीं होता। उन्हें लगता है कि हवा में तैरते-तैरते चुटकियों में गूमालिंग पहुँच गये हैं। इसलिए पुजारी द्वारा भक्तों को कोई मादक द्रव्य पिलाकर अथवा किसी जादू से उनके मस्तिष्क पर नियंत्रण करके उन्हें गूमालिंग पहुँच जाने के सामूहिक दृष्टिभ्रम में डाल दिये जाने की सम्भावना से भी इनकार नहीं किया जा सकता।

रैवरेण्ड ने यह भी बताया कि किन्नौर में शिप्की ला से तिब्बत में

घुसकर और फिर पश्चिमोत्तर दिशा में घूमकर गूमालिंग के लिए एक अपेक्षाकृत कम दुर्गम मार्ग भी है। तिब्बत वाले सीमारेखा-स्थित इस रहस्यमय तीर्थ को गोमालिंग के नाम से जानते हैं। वैसे गूमालिंग किंवा गोमालिंग के अस्तित्व मात्र पर सन्देह करने के भी पर्याप्त कारण हैं। गूमालिंग विश्वासी सम्प्रदाय के अनुसार यह मिथ्या जगत् सारवान इसलिए लगता है कि यह परम सत्ता का रचा हुआ एक पेचीदा मजाक है। जो इस बात को समझ लेता है वह परम सत्ता द्वारा विलीन कर लिया जाता है क्योंकि परम सत्ता नहीं चाहती कि जनसाधारण उसकी सृष्टि को मजाक समझ बैठें। जिस दिन ऐसा हो जायेगा उसे सृष्टि समाप्त करके फिर अपने अकेलेपन से साक्षात करना होगा और घबराकर एक नयी सृष्टि रचनी पड़ेगी जो तब तक चलेगी जब तक लोगों की समझदारी सृष्टि को स्वयं मजाक नहीं बना देती या स्वयं यह नहीं समझ लेती कि स्वयं सृष्टि ही परमात्मा का एक परम पवित्र मजाक-भर है।

इस तरह की बातें मानने वालों ने अगर अपना तीर्थ भी एक पेचीदे मजाक के रूप में गढ़ा हो तो क्या आश्चर्य? बहरहाल आगामी अगस्त में आप यहाँ आयें तो मैं आपके साथ शिप्की ला के रास्ते गूमालिंग की खोज पर निकल सकता हूँ। दुर्भाग्य से अगस्त आने से पहले उनकी मौत आ गयी—शायद वह भी परवरदिगार का मजाक समझ चुके थे। मेरी भी नियुक्ति वेस्ट इण्डीज हो गयी, भारत आने और गूमालिंग की खोज में निकलने का मौका ही नहीं मिला।

•

हैरी स्मिथ द्वारा उपलब्ध कराई गयी यह गूमालिंग गाथा बिरादरी के लिए कुतूहल का विषय बनी। इसके सत्यासत्य पर खूब विवाद हुआ। किन्तु इसे असत्य मानने वालों ने भी इसे कई बार बहुत रुचि से पढ़ा। हरिया को इस विवरण के सत्य होने में जरा भी सन्देह नहीं था। उधर हेमन्त पूरी तरह आश्वस्त था कि हरिया कक्का ने उस हैरी स्मिथ से यह झूठा विवरण चार

सौ रुपया देकर लिखवाया है। इस पर पिरूली कैंजा ने, जो इस विवरण को सच मानने वालों में सबसे आगे थीं, कहा कि हरिया की उस हैरी स्मिथ से कभी भी कैसी भी कोई पहचान रही होती, तब तो ऐसा शक किया भी जा सकता था। अरे, वह तो धारी को छोड़ और किसी अखबार वाले को भी नहीं जानने वाला ठहरा कि कह सके, अपने किसी दोस्त से लिखवाकर भिजवा देना। धारी को तुम देख ही रही हो कि वह गूमालिंग की बात को सच मान ही नहीं रहा है। इसलिए ये सब लिखवाने में उसकी मदद मिलने का तो सवाल ही नहीं उठ सकता भाई।

इस पर हेमन्त ने यह शंका व्यक्त की कि जैसे हरिया कक्का ने धारी कक्का के बेटे अतुल से अंग्रेजी में वे सारी चिट्ठियाँ लिखवाई थीं वैसे ही ये भी उसी से लिखवा लिया होगा और फिर उस एंग्लो-इंडियन को दे दिया होगा कि मेरे घर में लाकर दे देना, मैं चार सौ रुपये दे दूँगा। इस शंका को निराधार बताने में स्वयं अतुल का बहुत बड़ा हाथ रहा। उसने कहा कि मुझे तो खुद गूमालिंग की यह कहानी कुछ जम-जैसी नहीं रही है। अंग्रेजी की कुछ भूत-प्रेतों की कहानियों का चूँ-चूँ का मुरब्बा-जैसा है इसमें। जो तुम ये कहते हो कि यह झूठी कहानी मैंने हरिया कक्का के कहने पर इसलिए लिख रखी है कि उन्हें इसके बूते गूमालिंग-यात्रा पर निकलने का मौका मिल सके तो मैं यही कहूँगा कि मैं कोई इतना बेवकूफ थोड़ी हूँ, जो इतना लचर झूठ गढ़ता? मेरे पास सारे नक्शे-हक्शे हैं और तिब्बत के बारे में किताबें भी। मैं ऐसी चीज लिखता कि पढ़कर आप लोग न सिर्फ हरिया कक्का को जाने देतें, बल्कि खुद भी उनके साथ लग लेते।

हरिया ने ऐलान किया कि मेरे लिए तो ये विवरण ही काफी हैं। मैं तो इसी के सहारे अब निकल पड़ता हूँ। मेरे भीतर से एक आवाज कह रही है कि हरिया भाऊ, तुझे भटकना तो बहुत पड़ेगा, जान भी खतरे में पड़ जायेगी तेरी, लेकिन अगर तू लगा रहेगा तो गूमालिंग पहुँच ही जायेगा एक दिन। इसी के साथ पिरूली कैंजा ने भी ऐलान किया कि गूमालिंग की इस खोज में मैं बराबर हरिया के साथ रहूँगी। हेमन्त और गणेश दत्त शास्त्री ने इसे हरिया के चतुरिया-चण्ट पगलेट का अन्यतम नमूना ठहराया कि वह पिरूली कैंजा के साथ एक ऐसी जगह की यात्रा पर निकल रहा है, जिसके बारे में खुद

हिमाचल सरकार ने कहा है कि वह है ही नहीं। हेमुली बोज्यू ने हरिया लला के हाथ जोड़े कि जिस पिरूली ने तुम्हारे बाबू को बदनाम कराया, तुम्हारी ईजा को सताया, उसके चक्कर में मत पड़ो भाई। यह तुम्हारा पिटार ले लेगी और तुम्हें कहीं खड्डु में गिराकर मार देगी। लेकिन हरिया ने उनकी एक न सुनी।

बिरादरी ने हैरी स्मिथ के दिए हुए विवरण के भरोसे गूमालिंग की खोज में निकलने के हरिया के इरादे को भले ही हेमन्त और गणेश दत्त शास्त्री की तरह पगलेट का नमूना न ठहराया हो, युक्ति-युक्त तो हरगिज नहीं माना। कूड़ा ज्ञान का सतत संधान करने वाले अतुल ने यह खबर दी कि पिछली सदी में लाहौल स्पिती की यात्रा करने वाले अंग्रेजों में एन्ड्रू विल्सन, कैप्टेन हारकोट, कर्नल रैंकिंग और विलियम मूरक्रॉफ्ट का नाम आता है। लेकिन किसी मेजर जॉन मूर या कैप्टेन मर्डिथ का नहीं। अतुल के जोर देने पर हरिया ने तिब्बत-हिमाचल सीमा के विस्तृत नक्शों की खोज शुरू की। बड़ी मुश्किल से कुछ ट्रेकिंग मैप प्राप्त हुए। इनमें टाक्लिग ला तक का रास्ता तो बना हुआ था लेकिन उससे आगे के तिस्ना ला जैसे स्थान कहीं भी नहीं दर्शाये गये थे इसे अतुल ने गूमालिंग के सचमुच मजाक होने का प्रमाण बताया और हरिया कक्का को इस यात्रा पर न निकलने की दोस्ताना सलाह दी। लेकिन हरिया ने रक्षा मंत्रालय के अवर सचिव दिनेश भट्ट का हवाला देते हुए यह कह दिया कि जब से चीन से लड़ाई हो गयी है तब से इन नक्शों में कई जगह दिखाई नहीं जाती हैं। असल नक्शे खुफिया रखे जाते हैं।

डॉक्टर नीलाम्बर ने बहुत जोर देकर कहा कि जिस विवरण में प्रेत-व्रेत की बात हो वह प्रामाणिक और वैज्ञानिक हो ही नहीं सकता। उसने इस ओर भी ध्यान दिलाया कि अगर हम एक क्षण को इस विवरण को प्रामाणिक मान भी लें तो इसमें यह तो नहीं लिखा है कि मेजर जॉन मूर ने गूमालिंग का रास्ता खोज लिया था।

हरिया ने कहा कि दूर से ही सही उसने गूमालिंग की झील देख तो ली थी।

फिर शक्ति नगर निवासी प्रयाग दत्त तिवारी ने यह सूचना लाकर दी

कि वह हैरी स्मिथ शक्ति नगर का अपना जो पता आप लोगों को दे गया है, वहाँ तो उस नाम का कोई रहता नहीं। जिसने अपना पता देने तक में चार सौ बीसी की, उससे मिले पते पर गूमालिंग मिलने वाला ठहरा कभी? जवाब में हरिया ने कहा कि हैरी तो शक्ति नगर में ही नहीं रहता, कैप्टेन मर्डिथ तो इस दुनिया में ही नहीं रहता, फिर भी उसका बताया रास्ता ठीक ही निकला।

इस तरह किसी अजनबी मलेच्छ के दिये हुए अप्रामाणिक विवरण के बूते पर हरिया की गूमालिंग की खोज में निकलने की जिद मुरलीधर ज्यू के गुट को परेशानी में डालने लगी। इस पगलेट को पगलेट न मानना उसके लिए मुश्किल होने लगा। ऐसा प्रतीत हुआ कि बिरादरी का बहुमत हेमन्त के पक्ष में हो जायेगा।

लेकिन तभी पिरूली कैंजा अपने साथ एक लामा लेकर आयीं। उसने बिरादरी को बताया कि गूमालिंग तक पहुँचना कठिन जरूर है मगर उस तक पहुँचने का रास्ता जानने वाले चार लामाओं के पते मैं जानता हूँ। ये चारों लामा रिग्यांग चो के शिष्य रह चुके हैं। उनके पते मैंने प्रेमा कुमारी को लिखकर दे दिये। चारों किन्नौर-तिब्बत सीमा पर रहते हैं और गूमालिंग तक पहुँचने का आसान रास्ता उसी ओर से बताया जाता है।

पिरूली कैंजा ने एक अतिरिक्त आश्वासनप्रद सूचना के रूप में यह बताया कि मेरे पास हरमौर महाराजा की तीसरी रानी की बेटी राजकुमारी सुन्दरी का रामपुर बुशहर का पता भी है। किन्नौर हम उधर से ही जायेंगे। सुन्दरी से मिल लेंगे। शायद उसे कोई जानकारी हो क्योंकि अगर जंगल कटवाने पर राय सैप को श्राप मिला तो उसकी जानकारी तीसरी रानी को भी रही होगी जो उनके साथ उस तरह के फोटो खिंचवाती थी और जिसने बड़ी लड़ाई के दिनों में रेलवाई को स्लीपर सप्लाई करने के वास्ते देवता का जंगल राय सैप से कटवाया था।

पिरूली कैंजा ने बिरादरी को आश्वस्त किया कि चाहे जैसे होगा हरिया को प्रायश्चित्त का अनुष्ठान करवाके सही-सलामत वापस दिल्ली पहुँचा जाऊँगी। मुरलीधर ज्यू लामा और पिरूली कैंजा की बात सुनने के बाद हरिया के गूमालिंग जाने के पक्ष में हो गये। हेमन्त पिरूली कैंजा को गालियाँ देने लगा। वह हरिया को पागलखाने में भर्ती कराने और पिटार पर

अधिकार पाने के लिए पुलिस को बुला लाया। हेमन्त के दुर्भाग्य से और हरिया के सौभाग्य से, या आगे जो कुछ भी हुआ उसे देखते हुए कहें कि शायद हरिया के भी दुर्भाग्य से, बिरादरी के वैज्ञानिक और भावुक दोनों ही गुटों ने हेमन्त का साथ नहीं दिया।

वैज्ञानिक गुट की ओर से नीलाम्बर ने कहा कि जिस सम्भ्रम से हरिया दाज्यू ग्रस्त हैं, वह पागलखाने में जाने से और भी बिगड़ जायेगा। इनके रोग का निदान और उपचार तो मस्तिष्क और स्नायुतंत्र के विशेषज्ञ ही कर सकते हैं। इनका उनसे इलाज कराने के लिए पिटार में काफी धन है ही। भावुक गुट की ओर से मुरलीधर ज्यू ने कहा कि अगर हरिया कक्का अपने बाबू की आत्मा की शान्ति के लिए तीर्थयात्रा पर जा रहे हैं तो इसे पगलेट क्यों समझा जाये? वैज्ञानिक गुट को भी मुरलीधर ज्यू की यह बात माननी पड़ी कि जिस हद तक हरिया अवैज्ञानिक है स्वयं उस हद तक इस तीर्थाटन से उसके मन की गुत्थी सुलझने की सम्भावना देखी ही जा सकती है।

पिटार हेमन्त को सौंपे जाने या उसके भीतर का आधा माल हेमन्त को दे दिये जाने का भी किसी ने समर्थन नहीं किया क्योंकि हेमन्त शराबी और जुआरी के रूप में बहुत बदनाम था। पिटार मिलने की आशा में ही वह दोस्तों से बहुत कुछ उधार लेकर उड़ा चुका था इस बीच। बिरादरी यह भी मानती थी कि हरिया ने अपने बाबू की, अपने भाइयों की और हेमन्त समेत अपने तमाम भतीजों की इतनी ज्यादा सेवा कर रखी है कि उसे बदले में इस पिटार के रूप में मेवा मिलना ही चाहिए। मुरलीधर ज्यू ने भाव-विह्वल प्रश्न किया, "इस पिटार को गूमालिंग को लौटाकर बिरादरी को पाप-मुक्त, श्राप-मुक्त कराना चाहते हो या कि इसे हेमन्त को सौंपकर इस शराबी-कबाबी के, और सारी बिरादरी के, खाते में कुछ और पाप चढ़वाना चाहते हो?" इस प्रश्न के उठते ही हेमन्त की हार हो गयी और बिरादरी ने हरिया को गूमालिंग जाने के लिए अपना आशीर्वाद दे डाला।

केवल अतुल ने यह सवाल उठाया कि फण्ड से निकाले हुए इतने कम पैसों में और इतनी कम छुट्टी में हरिया कक्का गूमालिंग देवता का रहस्यमय थान कैसे ढूँढ़ निकालेंगे जबकि एक अमेरिकी डॉक्टर के अनुसार अगर आस्ट्रेलियाई भेड़ की आँत में रहने वाले और सिर्फ शक्तिशाली खुर्दबीन से

ही नजर आ सकने वाले एक परजीवी प्राणी का ही सारा रहस्य जानने के लिए संसार के सारे वैज्ञानिकों को शोध-कार्य के लिए उपलब्ध सारा पैसा देकर बिठा दिया जाय तो वे भी दस साल से पहले अपना काम पूरा नहीं कर सकेंगे।

हरिया, जो अब हैरान होना सीख चुका था, थोड़ी देर तक इस नये पहलू पर गौर करता रहा। डॉक्टर नीलाम्बर के मन में उसे रोक सकने की आशा जागी इसलिए उसने कहा, "जिस वैज्ञानिक के बारे में अनुपम बता रहा है वह अमेरिका का एक प्रसिद्ध डॉक्टर है। मैं तुमसे फिर कहता हूँ कि दाज्यू, रुक ज़ाओ। तुम्हारा इलाज यहाँ नहीं हो सका तो हम तुम्हें अमेरिका भिजवायेंगे।"

हरिया मुस्कराकर बोला, "जो डॉक्टर भेड़ की आँत के कीड़े के बारे में भी कुछ खास-जैसा जान नहीं पा रहे हैं, वे मेरे दिमाग के कीड़े का क्या जो इलाज करेंगे? और अगर उतने बड़े डॉक्टर को आँत के कीड़े का छेद-भेद नहीं मालूम हो सका ठहरा तो गूमालिंग का रहस्य न भी पता चल सका मुझे तो कोई बात नहीं। कोशिश करना इंसान का फर्ज ठहरा और इस मामले में तो ये मेरे लिए बाबू का कर्ज भी ठहरा।"

तो हरिया पिरूली कैंजा के साथ गूमालिंग की खोज में निकल पड़ा। पितृऋण चुकाने के इस क्रम में उस पर क्या बीती इसकी एकमात्र गवाह पिरूली कैंजा ही हैं हमारी बिरादरी में, जो चार महीने बाद लौटीं। उनके साथ न हरिया था, न वह खजाना। उनके पास एक अजीब ही-सी कहानी अलबत्ता जरूर थी।

पिरूली कैंजा की कहानी बिरादरी को पूरी तरह मान्य नहीं हुई। मान्य इसलिए नहीं हुई कि बुढ़ापे में भी और भिक्षुणी बन जाने के बाद भी आकर्षक दीखने वाली किसी भी स्त्री की बात हमारी बिरादरी को पूरी तरह मान्य नहीं हो सकती थी। पिरूली कैंजा की बताई कहानी इसलिए भी मान्य नहीं हुई कि जिन और लोगों ने हरिया के उस प्रवास की घटनाओं पर प्रकाश डाला, ध्यान रहे इनमें से कई उच्च सरकारी अधिकारी भी थे, उनके बयान पिरूली कैंजा के बयानों से मेल नहीं खाते थे।

बहरहाल उन लोगों के बयान भी हमारी बिरादरी के लिए कोई वजन नहीं रख सके हैं, क्योंकि वे हमारे लिए अज़नबी थे और हरिया उनके लिए अजनबी था। उन बयानों पर हमारी बिरादरी ने इस वास्ते और भी अधिक सन्देह किया कि बयान देने वालों में सरकारी अधिकारी भी शामिल थे, जिनके बयान एक-दूसरे से तो बहुत ज्यादा मेल खाते थे, मगर गैर-सरकारी लोगों के, जिनमें हमारी अपनी पिरूली कैंजा भी शामिल हैं, बयानों से उनकी कोई संगति नहीं बैठ पाती थी।

पिरूली कैंजा ने जो कहानी सुनायी वह सिलसिलेवार मगर संक्षेप में इस प्रकार थी। संक्षेप में इसलिए कि खूबसूरत झूठ की खूबसूरती पर चार चाँद क्यों टाँके जायें?

•

मैं जानती हूँ कि आप लोगों को यह जानने की बहुत उत्सुकता हो रही होगी कि जो हरिया मेरे साथ गया था, वो मेरे साथ लौटा क्यों नहीं होगा? वो कहाँ जो रह गया होगा, और क्यों रह गया होगा? लेकिन इन सवालों का जवाब सारी बात समझकर ही आपकी समझ में आ सकेगा। इसलिए मैं शुरू से शुरू करती हूँ। हरिया के साथ मैं यहाँ दिल्ली अपनी खुशी से नहीं आयी थी। वह एक तरह से मुझे घसीट के लाया ठहरा। मेरे आश्रम में उतने ज्यादा काम थे और वो मुझसे एक ऐसे गूमालिंग के बारे में बताने को कह रहा था, जिसके बारे में मैं तब कुछ भी नहीं जानती थी। इससे भी ज्यादा बुरी बात यह थी कि वहं मुझे राय सैप गिरवाण दत्त ज्यू के साथ बिताये हुए उस गन्दे जमाने की याद दिलाता जा रहा था, जिसे मैं हमेशा के लिए भुलाये रखना चाहती थी।

अब आप लोगों से झूठ क्यों कहूँ, शुरू-शुरू में तो मुझे उसके साथ बहुत डर लगा। ऐसी-वैसी बातें करने लगा कहा कि मुझे लगा कहीं ये इस मामले में अपने बाप का अस्सल बेटा तो नहीं है। लेकिन फिर मुझे लगा कि वह अपने बाबू के किये हुए से सचमुच बहुत दुखी है और मुझसे जो भी बात

कर रहा है, इसीलिए कर रहा है कि बिचारे के मन में अपने बापू के पापों का प्रायश्चित्त करने की बात उठ रही है। इसलिए मैंने उसकी मदद करने का फैसला किया। मैंने लामाओं की मार्फत गूमालिंग के बारे में पूछताछ शुरू की और हरिया के जोर देने पर उसके साथ सुलतान अहमद की माँ बन्नो से भी मिलने गयी। सुलतान अहमद कुछ भी कहता हो बन्नो ने मेरे सामने भी कई बार गूमालिंग का जिकर किया।

हरिया मुझसे पहले भी धर्म और दर्शन के बारे में सवाल पूछता रहा था लेकिन बन्नो से मिलकर आने के बाद तो उसने रटन्ती-जैसी लगा दी कि जिस बुढ़िया बन्नो को हम जानते थे उसका शरीर अब भी हमारे सामने है लेकिन वह खुद कहाँ हरा गयी है? वह मन से फिर से लड़की कैसे बन गयी होगी?

मैंने उसे समझाया कि दुनिया भी बराबर बदलती रहती है और हम भी बराबर बदलते रहते हैं। तुम आज जैसे हो वैसे कल नहीं थे और कल जैसे हो जाओगे वैसे आज नहीं हो। तुम अपने को 'मैं' तो कहते चले जाते हो, मगर यह 'मैं' हमेशा एक-जैसा थोड़ी रहता है। वह तो पल में रत्ती, पल में माशा हो जाता है। बदलकर कुछ और बनने में तुम वह भी बन ही सकने वाले ठहरे जो तुम बहुत पहले कभी थे। दुनिया क्षण-क्षण बदलती है और इंसान भी। इसलिए दोनों में कोई सार-जैसा है नहीं। तभी कह रखा है भगवान् बुद्ध ने कि यह जो बदलती हुई दुनिया है और यह जो बदलता हुआ 'मैं' है तुम्हारा, दोनों से अपने को अलग करो। जब अलग कर लोगो तब तुम्हें यह सोचकर हँसी आयेगी कि मैं भी किन बदलती रहने वाली चीजों के मोह में पड़कर मरने के लिए पैदा होता रहता था! और उन बदलती रहने वाली चीजों में खुद मैं अव्वल था!

कहना न होगा कि पिरूली कैंजा के बौद्ध-दर्शन के इस संस्करण पर हमारी बिरादरी ने ऊबकर और खीझकर कहानी आगे सुनाये जाने की माँग की। हमारी बिरादरी फलसफे के खिलाफ नहीं है, लेकिन वह फलसफे को कहानी खत्म हो जाने के बाद सीख के रूप में आता देखना चाहती है। कहानी के बीच में फलसफा आने से उसे बहुत कष्ट होता है क्योंकि पूरी कहानी सुने बगैर बीच में उठो तो कैसे?

पिरूली कैंजा ने हमारी बेसब्री का आदर करते हुए सफाई दी कि मैं क्या करूँ, हरिया तमाम यात्रा में इसी तरह की ऊँची फिलॉसफी वाले सवाल ही उठा रहा था। हमें रास्ते में जो भी जगह मिलती वह यही पूछता कि कैंजा, क्या यहाँ भी हमारे ही-जैसे लोग रहते होंगे? हमारी-जैसी ही जिन्दगी जी रहे होंगे?

मैंने हरिया से कहा कि सभी लालसा कर रहे हैं, सभी दुख भोग रहे हैं, एक ही-जैसी ठहरी विषय-वासना में लिप्त लोगों की जिन्दगी। उसने झट पूछ लिया कि आस्ट्रेलिया के गूमालिंग में जो बन्नो है और दिल्ली में हम जिस बन्नो को छोड़ आ रहे हैं और मनाली में जो बन्नो हमें मिलने वाली है क्या सब अपनी याददाश्त के अटक जाने का दुख भोग रही हैं? जैसे सभी जगह के राय सैप टट्टी अटक जाने का दुख भोग रहे थे? अब बताओ, मैं क्या जो जवाब देती?

अरे, कई स्टेशनों पर तो हरिया वहीं उतर जाने की और हमारे-जैसे उन दूसरों को अपनी आँखों से देख आने की जिद-सी कर बैठा। मैंने हर बारी समझाया कि तुम तो गूमालिंग वाले उस दूसरे से मिलने निकले हो हरिया! यहीं अटक जाओगे तो काम कैसे चलेगा? कहने लगा कि यहाँ वाला हरिया भी गूमालिंग जाने की सोच रहा होगा ना, उसे भी साथ ले चलेंगे। क्या पता उसकी पिरूली कैंजा को उसके बाबू गूमालिंग के बारे में पूरी जानकारी दे गये हों? क्या कहते हो![1] कितनी मुश्किलों से मैं उसे रास्ते में उतरने से रोक पायी हूँ, मैं ही जानती हूँ। मैं रामपुर बुश्शहर में हरिया को तीसरी रानी के उस बँगले में ले गयी जो उसने अपनी बेटी सुन्दरी को दे रखा था। लेकिन वहाँ पहुँचकर देखा कि बँगले में होटल खुल गया है। दरबान ने बताया कि राजकुंमारी साहिबा पर कर्ज बहुत ज्यादा हो गया था इसलिए बँगला होटल वालों को बेचकर आप रिकांग पियाओ चली गयी हैं। उससे सुन्दरी का रिकांग पियाओ का पता लेकर हमने उत्तर दिशा में जाने वाली बस पकड़ी।

रिकांग पियाओ में सुन्दरी के घर जाते हुए मैंने हरिया को समझाया

1. कर लो बात

कि गूमालिंग का जिकर करना लेकिन पिटार का नहीं। ये लोग लालची और कमीने तो जनम के ठहरे, अब खंक[1] हो जाने पर तो जो न करें! गूमालिंग की बाबत कुछ बतायेंगे-हतायेंगे तो नहीं, हाँ, तुम्हारा यह पिटार छीन रखेंगे। लेकिन हरिया को राय सैप मदुआ कोई गलत जो थोड़ी कहते थे। पचा ही नहीं सका पिटार की बात। इसी मारे बाद में बबाला[2] हुआ।

सुन्दरी के घर से एक मर्द और औरत की ही-ही-ठी-ठी बाहर तक सुनाई पड़ रही थी और मर्द औरत को सुन्दरी-सुन्दरी पुकार भी रहा था। लेकिन जब हमने द्वार खटखटाया तो उस मर्द ने पट जरा-सा खोलकर कह दिया कि राजकुमारी साहिबा नहीं हैं, कहाँ गयी हैं—मालूम नहीं, कब आगेंगी—बताकर नहीं गयीं। वह फिर दरवाजा बन्द करने को ही था कि हरिया उतना समझाने पर भी खजाने वाले पिटार की बात बोल ही गया। वह जो भी था मुस्टण्डा—हमें तो नौकर-जैसा लगा लेकिन बाद में सुन्दरी उसे अपना मरद और कहीं का राजकुमार बता रही थी—वह मुस्टण्डा बोला, "ठहरो, मैं पूछ के आता हूँ शायद किसी को बता गयी हों।"

उधर वह भीतर गया, इधर मैंने हरिया का हाथ खींचा और दौड़ लगा दी। मैंने उससे कहा कि जो भी, जैसी भी, सवारी मिले यहाँ से भागो वरना सुन्दरी का मुस्टण्डा यह पिटार छीन लेगा।

किसी तरह हम नाम्यिा पहुँचे। दिल्ली में मुझे बता रखा था कि वहाँ से डबलिंग जाना होगा और फिर डबलिंग-पूह से आगे शिप्की ला। वे चारों लामा पूह से भी आगे रहते थे। तो मैंने पहले किसी ऐसे आदमी की खोज की जो हमें पहले डबलिंग और फिर शिप्की ला-पहुँचा सके। उस इलाके में परमिट-हरमिट का बड़ा चक्कर-जैसा था। तरह-तरह के पुलिस वाले भी थे। बड़ी मुश्किल से छछाँग नाम का एक नौजवान राजी हुआ और उसने भी कसकर मजदूरी माँगी। बोला, आप गैरकानूनी काम करने को कह रहे हो।

सबसे पहले हम गरबैंक ध्यान में लामा सीकियांग से मिले। उसने बताया कि रिग्यांग चो से मिले हुए मुझे पच्छहत्तरी साल हो गये हैं। पिछले पच्चास साल से उसकी कोई खबर ही नहीं मिली है। आप कहते हो कि

1. बगैर पैसे के, 2. संकट

सन् 47 में उसने बड़ालाचा ला से चिट्ठी भेजी थी तो यह कोई समझ में आने वाली जैसी बात है नहीं भाई। अरे सन् 47 में मैं आप बड़ालाचा ला में था और रिग्यांग चो था ल्हासा में। ल्हासा में रहने वाला बड़ालाचा ला का पता क्यों देगा, बताओ तो?"

मैंने पूछा कि वैसे कुछ आपको अन्दाजा है कि लाभा रिग्यांग चो अभी जिन्दा हैं कि… ?

वह मेरी बात काट के कहने लगा कि अरे भइया, रिग्यांग चो खत्तम हो गया होता तो मैं तुम्हें यहाँ जिन्दा बैठा दिखायी देता? हम मरेंगे तो एक साथ मरेंगे।

इस पर हरिया ने कहा कि हम आपका मतलब नहीं समझे। वह बोला कि तुम्हारे-जैसों के समझने-जैसा मतलब है भी नहीं इसका। जो अमर हैं वे अलग-अलग तो मर नहीं सकते न मेरे भाई!

हरिया ने गूमालिंग का रास्ता और प्रायश्चित्त का तरीका पूछा। वह बोला, सभी रास्ते वहीं जाते हैं। लेकिन होता क्या है कि लोग-बाग अपनी बेसब्री में हर रास्ता बीच में ही छोड़कर दूसरा पकड़ लेते हैं कि शायद उससे जल्दी पहुँच जायें। मेरे गुरु कहा करते थे कि जो यह समझ लेता है कि उसके थान तक पहुँचने का रास्ता मेरी नाक की सीध में है वह ज्ञानी कहलाता है, और जो यह जान लेता है कि उसका थान मेरी नाक के नीचे ही है, वह बुद्ध कहलाता है। तो उसका थान मेरी नाक के नीचे है, बैठ जा पालथी मार-कर। पिटार इधर दे मुझे। मैं अभी कराता हूँ प्रायश्चित्त का अनुष्ठान।

हरिया को कुछ विश्वास-जैसा नहीं हुआ इस लामा पर। मेरी ओर देखकर पहाड़ी में बोला, "क्या करूँ?"

मैंने लामा से पूछा, "महाराज, अनुष्ठान में क्या कराओगे आप?"

उसने अपनी एक छड़ी-सी दिखायी कि सात दिन तक इससे हरिया को मन्त्र बोलकर पीटूँगा। फिर हरिया से अपने नाक के नीचे की जमीन खुदवाऊँगा और उसमें इस पिटार को हमेशा के लिए दफना दूँगा।

मैंने हरिया से पहाड़ी में कहा कि इसे आईने वाली बात ही नहीं मालूम है, चलो यहाँ से। उसने अनसंधान[1]-जैसा लगाकर कहा कि दाढ़ी बनाने के

1. अनुमान

लिए आईना चाहिए, तो है मेरी कुटिया में।

हमने कहा, "नहीं महाराज," और अपनी बाट[1] लगे। पीछे-पीछे दौड़ा लामा कि अरे यह हम लोगों का पिटार क्यों ले जा रहे हो? इसे यहीं छोड़ जाओ वरना पाप दुगना हो जायेगा तुम्हारा। उसने औरों को बुलाने के लिए हकाहाक[2] भी की क्योंकि आप तो वह बहुत ही बूढ़ा और कमजोर था। जब कोई नहीं आया तो वह चिल्लाया, "जा कहाँ रहे हो, सुनो तो!" हरिया ने रुककर कहा महाराज, हम बता चुके हैं कि गूमालिंग जाना है।"

वह चिल्लाया, "गूमालिंग जाया नहीं जाता, बुलाया जाता है। बिना बुलाये जाओगे तो जिधर से भी जाओगे उधर ही मार खाओगे।"

आगे चलकर भिक्यांग च्यूला में हम लामा नम्यांग नो से मिलने गये। पता चला कि दस साल से वह मौन व्रत लिये हुए हैं। जो छोटा लामा उनकी सेवा में था, वह आने वालों की बात सुनकर और तिब्बती भाषा में लिखकर नम्यांग नो को दे देता है, जो उसका जवाब तिब्बती में लिखकर छोटे लामा को पकड़ा देता है कि इन्हें इनकी भाषा में समझा दे।

उस छोटे लामा ने हरिया के सवाल नम्यांग नो को लिखकर दिये और उनके जवाब का अनुवाद करके हमें सुनाया कि रिग्यांग चो मर चुका है। उसके मरने से दुनिया में एक ठगुआ कम हुआ है। दूसरा ठगुआ वह है—सीकियांग, जिससे तुम मिलकर आ रहे हो। गूमालिंग के नाम पर रिग्यांग चो लोगों को बहुत लूटता था और गूमालिंग का नाम उसने अपने किसी गुरु के मुँह से नहीं, भद्दे मजाक करने वाले फिरंगियों के मुँह से सुन रखा था। न कोई गूमालिंग है, न कोई श्राप होता है उसका, और न प्रायश्चित्त करने की कोई बाँजी[3] पड़ रही है तुमको। ये जिस मूर साहब का लिखा हुआ कूड़ा तुम साथ ला रहे हो वह लंदन की एक खुफिया सोसायटी का मेम्बर था। इस सोसायटी में जितने भी मूर-हूर थे उनका एक ही काम ठहरा कि अपने मन से एक गूमालिंग तीर्थ गढ़ दो और उसके बारे में यहाँ-वहाँ लिख-लिखकर दूसरे विद्वानों को चक्कर में डालने का और भारत-तिब्बत को बदनाम करने का सुख लूटो। अगर तुम्हारे बाप ने कोई पाप कर रखे हैं और तुम उनके

---

1. राह, 2. आवाज लगाना, 3. आवश्यकता

प्रायश्चित्त के लिए यह पिटार दान करना चाहते हो तो उसके लिए इस मठ से बढ़िया और कोई जगह नहीं है। तुम इसे ही गूमालिंग समझ लो। तुम्हारे यहाँ कहा भी गया है कि 'मन चंगा तो कठौती में गंगा।'

हरिया बोला, "महाराज, गूमालिंग का पिटार मैं गूमालिंग के सिवाय और किसी को दूँ कैसे? कहीं भी दान कर देना होता तो वहीं गोल मार्केट के रामकृष्ण मिशन में जो नहीं कर आता?"

छोटे लामा ने उसकी बात बड़े लामा को लिखकर दी और बड़े लामा ने गुस्सा होकर जो कुछ लिखा उसका सार हमको छोटे लामा ने सुनाया कि आगे का रास्ता बहुत खराब और खतरनाक है। गूमालिंग तो कहीं है नहीं जो तुम लोगों को मिलेगा। अपनी जान के जाने और पिटार के लुटने का जोखिम उठाना चाहते हो तो जाओ, मरो।

मैं दिल्ली में सुनकर आ रही थी कि जिन लामाओं के पते मुझे दिये गये हैं, उनमें दूसरे नम्बर का लामा सबसे अस्सल है। तो मैंने हरिया को पहाड़ी में समझाया कि बड़े लामा ठीक ही कह रहे हैं। पिटार को यहीं दान करके लौट चलो। मगर वह नहीं माना और हम आगे बढ़ गये।

चलते-चलते अब हम पहुँचे चतुरांग धुरा के लामा पाछेन सिक्साओ के पास। उसके मठ में किसी जलसे-हलसे की तैयारी चल रही थी। लामा लोग सफाई-सजावट में जुटे हुए थे। हमने जिस आदमी से पूछा कि पाछेन सिक्साओ कहाँ मिलेंगे, वही पाछेन सिक्साओ निकला। जैसे ही उसने गूमालिंग के पिटार की बात सुनी वह बोला, "अ-हा, तो आखिर लौट आया हमारे मठ के देवता का पिटार!" वह हाथ का झाड़ू फेंककर वहीं पिटार पर बैठ गया और समाधि में चला गया।

उसके जितने चेले-हेले थे हरिया पर बरस पड़े कि यह क्या किया तुमने भाई? आज शाम हमारे मठ में उत्ती बड़ी पूजा है और तुमने जिसका नाम नहीं लेते उसका नाम लेकर इन्हें समाधि लगवा दी है। तुम इनके सामने

से हट जाओ। समाधि टूटने पर तुम्हें देख लिया तो फिर समाधि लग जायेगी। लेकिन हरिया इसके लिए राजी नहीं हुआ। उसने कहा कि मैं इनकी पीठ के पीछे बैठ जाता हूँ। और वह वहीं जाकर बैठ भी गया, पिटार को दोनों हाथों से पट्ट[1] पकड़कर।

थोड़ी ही देर में लामा की समाधि टूट गयी। उसने स्नान-ध्यान करने के बाद याक के घी में पत्ती कूटकर बनायी गयी चाय खुद पी और हमें भी पिलायी। हरिया तो पी गया, मेरे कहने[2] पी नहीं गयी।

खैर, तो चाय पीते हुए उसने हरिया की सारी बात सुनी। वह बोला, "लामा रिग्यांग चो अगर ठगुआ है तो लामा नम्यांग नो तो ठगुओं का भी ठगुआ है। तुम इसी से समझ गये होगे कि वह उसके पिटार को लेना चाह रहा था, जिसका ठिकाना कब कहाँ होगा इसका कोई ठिकाना नहीं है। खैर, अब तुम सही जगह आ गये हो। वह सीकियांग लामा बकवास कर रहा था कि वहाँ जाया नहीं जाता, बुलाया ज़ाता है। सच्ची बात यह है कि वहाँ सही रास्ता दिखा सकने वाले किसी योग्य गुरु के साथ ही जाया जा सकता है। तो आज का जलसा हो जाने दो, कल सुब्बे-सुब्बे खुद मैं तुम्हें उसे देवता के तीर्थ की यात्रा पर ले जाऊँगा, जिसका नाम नहीं लिया जाता। तुम यह पिटार हमारे मालखाने में जमा करवा दो। वहाँ सुरक्षित रहेगा। शाम को यहाँ भीड़भाड़ होगी, किसी ने चुरा लिया तो तुम्हारा इतनी दूर तक आना बेकार हो जायेगा, क्योंकि बिना पिटार के प्रायश्चित्त हो नहीं पायेगा।"

पिटार को मालखाने में रखने के लिए हरिया तैयार नहीं हुआ। वह बोला, "इसकी जित्ती हिफाजत मैं कर सकूँगा, कोई नहीं कर पायेगा।" चेले-हेले अपने लामा की बात न माने जाने पर नाराज-जैसा होने लगे और पिटार छीनने लगे कि बाप चोर और बेटा सीनाजोर। हमारे मठ का पिटार हमें देने से ही इनकार? लेकिन बड़े लामा ने उन्हें रोक लिया और कहा, "रात तक इसे सद्‌बुद्धि आ जायेगी।"

बड़े लमा ने हम लोगों को रहने के लिए कोठरी-जैसी दिलवा दी और हमारी और पिटार की देखरेख के लिए एक मुस्टण्डा दरवाजे पर बैठा दिया।

---

1. जोर से, 2. मुझसे

हरिया मुझसे बोला, "मुझे तो इस लामा के रंग-ढंग ठीक-जैसे नहीं लग रहे हैं कैंजा। मुझे लगता है कि जब हम लोग रात में सोये होंगे तो ये लोग पिटार उठा ले जायेंगे।" मैंने उससे कहा कि रंग-ढंग तो मुझे भी ठीक नहीं लग रहे हैं, मगर हम अब कर भी क्या सकते हैं? उसने तो यहाँ यह चौकीदार बैठा दिया है। हरिया बोला, "इसे तो मैं देख लूँगा लेकिन सवाल यह है कि फिर जाऊँगा कहाँ? अभी तुम्हारे पास एक और लामा का भी पता है लेकिन इस बात की क्या गारंटी कि वह भी ठगुआ न हो?"

मैंने कहा कि वह भी ठगुआ निकला तो तुम्हें इन चार ठगुओं में से किसी एक की बात तो माननी ही होगी। और जो ऐसा करना तुम्हें ठीक-जैसा नहीं लगता तो पिटार समेत घर लौट जाओ। इसमें रखे खजाने की मदद से आप भी सुख से रहो और हेमन्त को भी सुख से रखो। हरिया कुछ तय-जैसा नहीं कर पाया। बोला, "कैंजा, ठगों में से ही किसी एक की बात मान लो या आप ही ठगी करो ये तो कोई चुनाव-जैसा-चुनाव नहीं ठहरा।"

मैंने उसे बताया कि जिस भगवान् बुद्ध का ये सारे लामा-हामा नाम जपते हैं वह आप बिल्कुल तेरी तरह हैरान हुआ था। उसे भी किसी गुरु की बात से पूरा सन्तोष-जैसा नहीं हुआ। सभी उसे कुछ-कुछ ठगुआ जैसे लगे कि कहते हैं, हमारी बात आँख मूँदकर मान ले चेला। इसीलिए भगवान् बुद्ध कह गये हैं कि मैं कहूँ तो मेरी बात भी आँख मूँदकर मत मानना। सच्चाई को अपने लिए आप ही खोजना।

कथा के इस मोड़ पर फिर फलसफा आ जाने से हमें बहुत खीझ हुई और हमने पिरूली कैंजा से कहा कि भगवान् बुद्ध ने क्या कहा इसे थोड़ी देर के लिए भुला दो और यह बताओ कि हरिया ने तब क्या कहा या किया?

वह बोलीं, "हरिया ने कहा, तब तो कैंजा, मैंने फैसला कर लिया है कि गूमालिंग जाने का रास्ता अपने आप खोजूँगा। उस चौथे लामा के पास जाने की कोई जरूरत नहीं है।"

इसके बाद हरिया ने गजब की ताकत दिखाते हुए चौकीदार को पीछे से जाकर पकड़ लिया और उसके मुँह पर हाथ रख दिया कि चिल्ला न सके। फिर मेरी और छछांग की मदद से उसने उसके हाथ-पाँव पिटार वाली चेनों से

बाँध दिये। हम लोग खुसूखुस[1] बाहर निकल आये।

अभी पाँच-छह किलोमीटर ही आगे गये होंगे कि मुझे रिकांग पियाओ में सुन्दरी के घर में मिला मुस्टण्डा चार पुलिस वालों के साथ आता दिखाई दिया। मैंने छछांग और हरिया से कहा कि वापस मठ की ओर दौड़ो और मैं आप भी दौड़ पड़ी। लेकिन पहले मैं और फिर हरिया पुलिस की पकड़ में आ गये। बस, छछांग ही बच निकला।

हरिया पिटार को पुलिस के हाथ न लगने देने के लिए इत्ती ताकत से और इत्ता ज्यादा लड़ा कि मैं तो दंग रह गयी, लेकिन पुलिस ने उससे पिटार ले ही लिया और फिर आवाज लगायी, "राजकुमारी साहिबा, आ जाइए।" मोड़ के दूसरी ओर से सुन्दरी आयी। वह मेरी बच्ची-बच्ची देखी ठहरी, अब वह हो गयी थी बुढ़िया-सी, फिर भी मैं उसे पहचान ही गयी। मैंने उसके हाथ जोड़े। मैं उसके पाँव पड़ी। मैंने उसे उसके बचपन की बातें भी याद दिलायीं कि शायद उन्हें सुनकर वह कुछ पसीजे। मैंने उसे समझाया कि ये हरिया उन राय सैप का बेटा है, जो तुम्हारी मम्मी जी के दीवान थे! उन्होंने ही जंगल कटवाकर तुम्हारी मम्मी जी को मालामाल करवाया था। हम लोग राय सैप और रानी साहिबा के जंगल काटने के उस पाप का ही प्रायश्चित्त करने गूमालिंग के पुजारी का यह पिटार लेकर जा रहे हैं, जो राय सैप चुरा ले गये थे। पाप की भागीदार तुम्हारी मम्मी जी भी थीं। उनकी आत्मा को भी शान्ति मिलेगी प्रायश्चित्त से। मेरी बात मानो। अरे, मैं तो तुम्हारी उस्तानी जी भी थी।

सुन्दरी बोली, "यह पिटार किसी पुजारी-हुजारी का नहीं, मेरे पिताजी महाराज साहब का है और इसे किसी के पिताजी नहीं, खुद तुम रिकांग पियाओ में मेरे घर से चुराकर लायी हो!"

पुलिस ने हमारी एक न सुनी और पिटार सुन्दरी को देकर हरिया से चाभी माँगी। उसने नहीं दी। उन्होंने उसकी तलाशी ली। नहीं मिली। फिर सुन्दरी ने मेरी तलाशी ली। होती तो मिलती। पुलिस वालों ने डण्डों से हमें पीटा। फिर वह मुस्टण्डा मेरी ओर देखकर बोला कि इस हरामजादी ने कपड़ों

1. चुपचाप

में छिपा रखी होगी। सुन्दरी और वह मुझे नंगा करने लगे। तब हरिया बोला कि चाभी मेरे ही पास है। जरा उधर चट्टान की ओट में आ जाइए, मैं निकालकर दे देता हूँ। मुस्टण्डा और दो पुलिस वाले उसे उधर ले गये।

मुस्टण्डा थोड़ी देर में चाभी लेकर आ गया और बोला, "कमीने ने लँगोट में छिपा रखी थी।" मुस्टण्डे और सुन्दरी ने पिटार खोलकर सारा माल निकाल लिया और अपने साथ लाई अटैची में डाल लिया। खाली पिटार वहीं फेंक गये। मैंने हरिया का कराहना सुना तो चट्टानों की ओट में गयी। देखा, उसे फिट पड़ा हुआ है। पुलिस के डण्डों से हम दोनों वैसे ही घायल हुए पड़े थे, फिट आने से हरिया का तन नुकीली चट्टानों से जगह-जगह कट भी गया। थोड़ी देर में बेहोश भी हो गया। अब मैं क्या करूँ?

इत्ते में कहते हो छछांग लामा पाछेन सिक्साओ हौरों[1] को लेकर आ गया। लामा बोला, "ठीक ही किया पुलिस ने। तुम लोग चोर नहीं होते तो ऐसे चोरी-छिपे मेरे मठ से जाते? और वह भी मेरे एक लामा की मुश्कें बाँधकर।"

मैं लामा के पाँव पड़ गयी। मैंने कहा, "महाराज, इस हरिया को बचा लो। अपने मठ में शरण दे दो, दो-चार दिन। और फिर इसका अनुष्ठान करवा दो।" वह बोला, "तुम लोगों में जरा भी गाँठ की अक्ल होती तो पिटार मालखाने में रखवाकर मठ में आराम करते और कल सुबह मेरे साथ वहाँ जाते, जहाँ का नाम नहीं लिया जाता। अब खाली पिटार लेकर तो तुम वहाँ प्रायश्चित्त करने पहुँच नहीं सकते। बाप खजाने का पिटार चुरा ले जाये और बेटा खाली पिटार लौटाकर कहे कि मेरे बाप को माफ कर दो तो देवता तो यही कहेगा कि अब तो तुझे भी मेरा श्राप है। पाप करना बुरा, पाप का अधूरा प्रायश्चित्त करना उससे भी बुरा।"

यह सीख देकर लामा पाछेन सिक्साओ अपने लोगों के साथ वापस चला गया और जाते-जाते एक लात पिटार को और दो लातें हरिया को मार गया।

मैं छछांग से कह रही थी कि भाई अब हम कहाँ जो काटें रात और

---

1. वगैरह

कहाँ जो करायें हरिया का इलाज कि दोनों सवाल एक अजीब ही ढंग से हल हो गये। जो चार पुलिसिये पहले आये थे उनमें एक अब अपने साथ कुछ अलग किस्म की पोशाक वालों को लेकर आया। पता चला, ये सीमा पुलिस वाले हैं।

मैं उनसे उस पुलिसिये की शिकायत करने लगी तो उनका अफसर गरजा, "बक-बक बन्द कर बुढ़िया। हमें पता है तुम लोग सीमा के पार से आये हुए जासूस हो। जिसके खिलाफ तू शिकायत कर रही है वह नाम्यिा से तुम्हारा पीछा करता आया है। तुम लोगों पर नजर रखने का हुकुम दिल्ली से मिला था।"

सीमा पुलिस वाले हमें अपनी चौकी में ले गये। वहाँ हमारी मरहम-पट्टी भी हुई और हमसे अलग-अलग और लगातार वही-वही पूछताछ की गयी कि कौन हो, क्यों आये थे ? हम लोगों ने उन्हें जो कुछ बताया उससे उनका शक और भी मजबूत होता गया। उन्हें गूमालिंग की सारी कहानी ही बेसिर-पैर की लगी और वे यह मानने को तैयार ही नहीं हुए कि हम तिब्बती नहीं हैं। वे हिमाचल से हजारों मील दक्षिण के इलाके के थे बेचारे। उनके लिए सारे ही पहाड़ी एक-जैसे ठहरे।

उन्होंने छछांग बिचारे को तो बहुत मारा-पीटा भी। हमारे सामान को भी ठोक-बजाकर देखते रहे। कुछ होता ऐसा-वैसा तो मिलता। फिर उन्होंने खाली पिटार उठाकर देखा। कुछ भारी-जैसा लगा उन्हें, तो उन्होंने उसका पेंदा खोल डाला। भीतर से पिटार जित्ता ही लम्बा-चौड़ा आईना निकला। उनका अफसर डपटकर बोला, "यह क्या है ?"

हरिया ने कहा, "हजूर, मैं आपसे यह कह रहा था ना कि यह गूमालिंग के पुजारी का पिटार है। तो यह वही आईना होगा, जिसें वह यात्रियों को दिखाता है कि मरने से पहले अपने-जैसे उस दूसरे की शक्ल देख लो।"

अफसर ने वह आईना फौरन दूर रख दिया। घबरा-सा गया। छछांग ने दौड़कर मेरे खुले बक्से में से एक साड़ी निकाली और आँखें मीचे-मीचे ही उसने आईने को साड़ी में लपेट दिया।

सीमा-पुलिस के वे लोग भले ही सीमा से हजारों मील दक्षिण से आये ठहरे, लेकिन जादू-टोने के आईने से उत्ता ही डरने वाले हुए जित्ता कि उस इलाके के लोग। उन्होंने फिर देर तक आपस में अपनी ही भाषा में न जाने क्या निन्न-नान्न-आड़-बूड़-नाड़-बूड़ बातें कीं और फिर हमें चौकी से काफी दूर सीमा के पास ले जाकर छोड़ आये कि तुम सीमा-पार के रास्ते, जिस भी गूमालिंग-हमालिंग में जाना चाहते हो जाओ।

वे हमें ऐसी जगह छोड़ गये जहाँ न हरियाली ठहरी न रास्ता। अब कहाँ जायें, क्या करें? हरिया बिलकुल भी इस हालत में नहीं ठहरा कि कहीं जा सके। फिर भी वही सबसे ज्यादा जिद कर रहा ठहरा कि चलो, नाक की सीध में ही चलकर देखो। तो गिरते-पड़ते किसी तरह चले नाक की सीध में। कोई सौ-सवा सौ कदम गये होंगे कि एक बहुत ही बूढ़ा लामा सामने ऊँचाई पर खड़ा इधर-उधर देखता हुआ नजर आया। हम पर निगाह पड़ते ही वह उतार पर तेजी से चलता हुआ आया।

"अरे मदुआ, तूने तो पहुँचने में अन्धेर देर कर दी!" उसने दूर ही से हरिया से शिकायत की। हम लोग इस बात से अभी हैरान हो ही रहे थे कि इस लामा को हरिया का यह नाम कैसे-कहाँ से जो मालूम हो गया होगा कि उसके नजदीक आने पर मैंने देखा कि उसकी शक्कल राय सैप से मिल रही है। जैसे राय सैप लामा का भेस बनाकर आ गये हों। वैसे तो शायद अब-जाने-तब-जाने को हुए सभी बूढ़े एक-जैसे ही दिखते हैं, फिर भी मैं तो हुकी[1]-जैसी गयी। कुछ बोल ही नहीं सकी। खैर, उसे कुछ बताने की कोई जरूरत भी नहीं थी। उसे सब्ब मालूम था। राय सैप के बारे में, पिटार के बारे में, श्राप के बारे में, हमारी अब तक की यात्रा के बारे में। बल्कि वह तो हमसे भी ज्यादा जानता था। जैसे उसने हमें यह बताया कि वे जो चार पुलिसिये

1. आश्चर्यचकित

आये थे, उनके नाम हरदयाल, मोहनसिंह, स्यांग सी और हवासिंह थे। सुन्दरी ने पिटार का आधा माल उन्हें दिया। सीमा पुलिस के अफसर का नाम उन्नीकृष्णन था बल। उसे पिटार के माल के बारे में मालूम नहीं था लेकिन बाद में सुन्दरी ने हवासिंह के हाथ उसके लिए पन्ने की एक अँगूठी भिजवायी बल। लेकिन वह वहीं उसकी अंगुली से गिरकर खो गयी। सुन्दरी और सिपाहियों ने जो माल लिया वह भी उन्हें नहीं पचेगा—ऐसा कहा उस लामा ने। फिर वह बोला कि खैर, अस्सल चीज तो गूमालिंग का आईना था। वह तुम ले ही आये हो।

लामा ने छछांग से मेरी साड़ी में लिपटा हुआ वह आईना ले लिया। बोला, "ठगुआ लामा सीकियांग तुझसे ठीक ही कह रहा था हरिया हरक्यूलीज कि गूमालिंग जाया नहीं जाता, बुलाया जाता है। मैं तुझे बुलाने ही आ रहा हूँ। तेरी नाक की सीध की इस ऊँचाई के उस पार एक नदी है और नदी के उस पार गूमालिंग का पठार। पुजारियों के अस्सल वंश में बस आखिरी मैं बचा हूँ जो पुरखों के बनाये हुए, पीढ़ी-दर-पीढ़ी पूजकर सिद्ध किये हुए इस आईने के इंतजार में मर भी नहीं पा रहा था। बाकी तो सब बाजार से लाए हुए आईनों की मदद से ठग-विद्या चलाकर अपने चेलों को धन्धा सौंपकर चले गये हैं। हर एक ठगुआ का चेला यही कह रहा है कि अस्सल आईना हम लोगों के पास है। लेकिन मैं तो जानता था कि तेरा पापी बाप असली आईना चुरा ले गया है। अच्छा चल, अब तुझे प्रायश्चित्त करा देता हूँ।"

उस बूढ़े लामा के लिए घायल हरिया और आईना दोनों को उठाकर चढ़ाई चढ़ना मुश्किल था, इसलिए उसने छछांग से साथ चलने को कहा। वह बुरी तरह घबरा गया। मैंने कहा, "मैं चलती हूँ आपके साथ।" लेकिन उसने छछांग को यह कहकर मना लिया कि पुजारी के साथ जाने में तेरा भला ही होगा, बुरा नहीं। मुझसे उसने माफी माँगी कि औरतों को गूमालिंग नहीं ले जाने का नियम है। मैंने कहा कि यह तो सरासर भेदभाव ठहरा महाराज!

वह लामा बोला, "यह भेदभाव तो देवता का ही किया है। वह तुम औरतों को ज्यादा बड़ा मानता है। इस समय मेरे पास तुम्हें खुलासे में समझा सकने का बखत तो है नहीं, तुम थोड़े में यह समझ लो कि शुरू-शुरू में जब

कुछ नहीं ठहरा दुनिया में तब वह अकेला ठहरा और उसके लिए भी अकेलापन बर्दाश्त करना कठिन-जैसा हो गया ठहरा। दूसरा कोई न होने से उसके लिए यह मानना तक कठिन हो गया ठहरा कि मैं हूँ करके। कहने को वह काफी जोर-जोर से कहता रहा कि मैं हूँ, मैं हूँ। इसी मारे दुनिया में सभी लोग आज तक अपने को मैं नाम से ही पुकारते हैं। लेकिन जब कोई दूसरा था ही नहीं, तो कौन जो उसकी बात सुनता और कौन जो ये कहता कि हाँ भैया, तू है। तो फिर उसने अपनी ही जैसी एक औरत बनायी। औरत के होने से ही वह हुआ। इसीलिए आज तलक उसकी नजर में तो औरत ही बड़ी है। तो वह पहला-पहला दूसरा असल में 'दूसरी' था ना। जहाँ हम जा रहे हैं वहाँ उसी दूसरी की पूजा की जाती है। इसीलिए हम लोगों में औरतों को दो छूट दी गयी हैं। एक यह कि उन्हें मरने से पहले गूमालिंग में जाकर पूजा करने की कोई जरूरत नहीं है। दूसरी यह कि वे चाहें तो दिनमान आईना देखती रह सकती हैं। अपनी ही पूजा करने की जरूरत क्या? और आईने में अपने को ही देखने से डरना क्यों?"

सुनकर हरिया बहुत हैरान हुआ और बोला, "मैं आपका मतलब समझा नहीं महाराज। मर्द भी तो आईने में अपने को ही देखते होंगे ना?"

मैंने अटकल लगाते हुए कहा कि शायद इनका मतलब यह है कि इनके आईने में मर्दों को वह पहली औरत दिख जाती है।

पुजारी ने कहा कि सबको नहीं। सिर्फ उनको जिनके मन को होनी के दुखों ने माँज रखा हो। अब जल्दी करो। रात होने से पहले ही गूमालिंग से चले आना होता है।

सूरज छिपने के कुछ देर बाद पुजारी छछांग को लेके लौटा। मैंने पूछा कि हरिया कहाँ है? उसने कहा कि वह आईने के पार चला गया है।

मेरा दिल धक से रह गया। मैंने पूछा, "क्या कह रहे हो? क्या वह नहीं रहा अब?"

वह बोला कि आईने में अस्सल स्त्री से मिलकर वह उस पार वहाँ चला गया है, जहाँ किसी भी चीज के बारे में यह कह सकना कठिन है कि वह है? या नहीं है? या है, मगर नहीं भी है? या न है और न नहीं भी है? उसने अपने बाबू के प्रेत को मुक्ति दिला दी है, आप भी मोक्ष पा गया है

और उसके परिवार में, बिरादरी में जो भी बचे हुए होंगे, उनका भी उद्धार करा गया है।

फिर उस लामा ने हमसे यह कहकर विदा ली कि मैं गूमालिंग वापस जाकर इस आईने को गहरा दबा दूँगा और खुद भी शरीर छोड़ दूँगा। अब इस दुनिया में न इस आईने की जरूरत रह गई है, न मेरी। मैं और छछांग खाली पिटार लेकर वापस चल पड़े।

•

हमारी बिरादरी की अद्‌भुत कथाओं तक में लोग-बाग आईने के उस पार यों ही टहलते हुए नहीं जाते रहे हैं। इसलिए बुजुर्गों ने पिरूली कैंजा की इस कथा को दिलचस्प मगर बेबुनियाद ठहराते हुए पूछा, "उस लामा ने कह दिया और तूने मान लिया? क्या पता वह हरिया को खुद ही मार-हारकर फेंक-फूँक आया हो?"

पिरूली कैंजा ने जवाब में पूछा, "हरिया अधमरा-जैसा था और वह बूढ़ा लामा खुद मरणासन्न-जैसा था। उसे हरिया को मारकर मिलने वाला क्या था? एक आईना ही बचा था ना हरिया के पास? सो दे ही दिया था उसे।"

बुजुर्गों ने कहा, "क्या पता उस देवता को खुश करने के वास्ते हरिया की बलि दे दी हो उसने? तुझे पुलिस के पास जाना चाहिए था।"

पिरूली कैंजा बोलीं, "लामा बलि नहीं देते। और देते भी हों तो हरिया उत्ती दूर गूमालिंग देवता को खुश करने ही तो गया था ना? जिस पुलिस ने हम लोगों को उत्ती मुश्किल से छोड़ा था, उसके पास मैं फिर क्यों जाती? देखो!"

टी० वी० पूर्व के उन दिनों में पिरूली कैंजा की कथा की कमजोरियाँ ढूँढ़ना और यह सोचना कि असल में क्या हुआ होगा, हमारी बिरादरी का प्रमुख मनोरंजन बन गया। सुखद संयोग से उन्हीं दिनों केन्द्र सरकार के गृह

मंत्रालय में हमारी बिरादरी के दो बड़े अफसर नियुक्त हुए और बिरादरी का ही एक आदमी राज्य मन्त्री बना। असल में क्या हुआ, यह जानने के लिए उन्होंने फोन घुमा दिये और फाइलें चला दीं। पत्रकार धारी ने भी उस इलाके के पत्रकारों से लिखा-पढ़ी की। इस तरह जो बातें सामने आयीं वे पिरूली कैंजा की कथा से मेल नहीं खाती थीं।

मिसाल के लिए सुन्दरी ने यह बयान दिया कि प्रेमा कुमारी उसके यहाँ अकेली आयी थी। वह साथ में कुछ अश्लील चित्र लायी थी, जिनके सहारे वह मुझे ब्लैकमेल करना चाहती थी। रियासत के पुराने लोग जानते हैं कि इस तरह के काम के लिए वह पहले भी बदनाम रही थी और मेरी माँ महारानी साहिबा ने उसे मेरी गवर्नेस के पद से इसी वजह से ही तब हटाया था। मैंने पुलिस से ब्लैकमेलिंग के लिए ही उसकी शिकायत की थी। यह गलत है कि मैंने किसी बक्से के चोरी होने की शिकायत दर्ज करायी थी। सोचने की बात यह है कि यह कैसी चोरी थी जिसमें बक्सा ही नहीं, बक्से की चाभी भी चली गयी थी?

एक पत्रकार द्वारा नाम्गिया पुलिस से पूछताछ किये जाने पर यह उत्तर मिला कि हमारे यहाँ प्रेमा कुमारी के खिलाफ़ कोई रिपोर्ट दर्ज नहीं है। हमारा कोई भी सिपाही राजकुमारी साहिबा सुन्दरी की शिकायत पर प्रेमा कुमारी वगैरह का पीछा करते हुए सीमा की तरफ नहीं गया और न उसने उनसे किसी किस्म का कोई खजाना छीना। सच तो यह है कि प्रेमा कुमारी ने जिन सिपाहियों के नाम गिनाये हैं उनमें से कोई भी तब नाम्गिया में तैनात नहीं था। हम लोग प्रेमा कुमारी पर मानहानि के लिए मुकदमा चलाने की सोच रहे हैं।

गृह मन्त्रालय के एक प्रवक्ता ने बताया कि प्रेमा कुमारी कुमाऊँ के सीमावर्ती क्षेत्र में खुले एक ऐसे नये बौद्ध विहार में रहती हैं, जिसके बारे में खुफिया जाँच चली हुई थी और हरिहर दत्त तिवारी पिछले दिनों राजधानी में सीमावर्ती क्षेत्रों के नक्शों की खोज करने के कारण सन्देह के घेरे में आ गये थे। जब रिकांग पियाओ से खबर मिली कि ये दोनों व्यक्ति वहाँ के बौद्धों और तिब्बतियों से किसी खुफिया देवता के बारे में पूछताछ करके बेचैनी

फैला रहे हैं तो नायब इन्स्पेक्टर हवासिंह को उन पर निगरानी रखने के लिए कहा गया। वह उनके पीछे-पीछे नाम्गिया पहुँचे।

वहाँ पहुँचकर हवासिंह ने पाया कि स्थानिक पुलिस भी प्रेमा कुमारी और उनके साथी को शक की निगाह से देख रही है। इसकी वजह यह थी कि प्रेमा कुमारी एक ऐसे संदिग्ध नौजवान से, जिसे स्थानिक लोग लम्कंग के नाम से जानते थे, किसी काम के लिए सौदेबाजी कर रहीं थी और उसे छछांग-छछांग कहकर पुकार रही थी। तो नाम्गिया पुलिस के भी तीन सिपाही नायब इन्स्पेक्टर हवासिंह के साथ इन लोगों का पीछा करने में लग गये।

प्रेमा कुमारी और साथी नाम्गिया से डबलिंग और फिर सीधे चतुरान धुरा पहुँचे और वहाँ लामा पाछेन सिक्साओ के मठ में गये।

हवासिंह उन सिपाहियों को वहीं छोड़कर सीमा पुलिस की चौकी में गये, जहाँ कोतवाल उन्नीकृष्णन भी संयोग से यह सुनकर पहुँच गये थे कि स्थानिक मठ में कोई बड़ा जलसा होने वाला है, जिसमें सीमा पार से खुफिया एजेंट आ सकते हैं। हवासिंह ने उन्हें प्रेमा कुमारी और साथियों के बारे में बताया और इस सिलसिले में उस खुफिया देवता का नाम सुनाया, जिसके बारे में प्रेमा कुमारी पूछताछ करती रही थीं। उन्नीकृष्णन फौरन सतर्क हो गये क्योंकि देवता का नाम हमारे अपने एक खुफिया ऑपरेशन के नाम से बहुत मिलता-जुलता था। तो उन्नीकृष्णन प्रेमा कुमारी से पूछताछ करने फौरन हवासिंह के साथ निकल पड़े।

मठ से काफी पहले ही कोतवाल उन्नीकृष्णन को वे लोग पुलिस सिपाहियों से मारपीट करते हुए मिले। कोतवाल उन्नीकृष्णन ने उन्हें हिरासत में ले लिया और पूछताछ के लिए चौकी में ले गये। उनसे बातचीत करने के बाद वह इस नतीजे पर पहुँचे कि इन लोगों पर अगर शक कर लिया गया है तो इनके विचित्र आचरण और देवता के विचित्र नाम के कारण ही। दिल्ली बेतार करके उन्होंने हरिहर दत्त तिवारी के बारे में, जो अपने शिनाख्ती कार्ड के अनुसार गृह मंत्रालय में एल० डी० सी० था, जानकारी हासिल कर ली। फिर सब तरह से आश्वस्त हो जाने के बाद उन्होंने मिस्टर तिवारी और साथियों को न केवल छोड़ दिया बल्कि रिकांग पिआयो तक पहुँचवा भी दिया। यह

कहना कि सीमा के एक जिम्मेदार अधिकारी को तिब्बती और भारतीय में फर्क करना नहीं आता या कि वह भारतीय नागरिकों को अन्तर्राष्ट्रीय सीमा के पार खदेड़ सकता है, परले दर्जे की शरारतपूर्ण और भ्रामक हरकत है।

गरबैंग ख्यांग के लामा ने प्रेभा कुमारी के बयान को सरासर गलत बताया। उसने कहा, "सबसे पहली बात तो यह है कि मेरा नाम सीकियांग नहीं, रिग्यांग चो है। दूसरी बात यह है कि मैं प्रेमा कुमारी से कभी नहीं मिला। तीसरी बात यह है कि मैं तिब्बती धर्म और भाषा का जानकार हूँ और मुझे पता है कि न गूमालिंग जैसा कोई शब्द है, न कोई देवता।"

लामा नम्यांग नो ने स्वीकार किया कि एक अधपगला-सा आदमी, जो अपना नाम हरिहर दत्त तिवारी बतलाता था, गूमालिंग के बारे में पूछते हुए मेरे यहाँ आया था। वह अकेला था और गहन शारीरिक और मानसिक कष्ट में था। बता रहा था कि उसके पास कोई पिटार था, जो उसके साथ आयी हुई औरत किसी नौजवान की मदद से छीनकर ले गयी। यह आदमी अपने पिता की ओर से प्रायश्चित्त करने गूमालिंग जाना चाहता था। मैंने उसे रास्ता बता दिया।

लामा पाछेन सिक्साओ की कहानी कुछ और ही थी। उसके अनुसार हरिहर दत्त नामक अधपगला आदमी मठ के पास भटकता हुआ मिला। बाहर वह मर जाता इसलिए मैंने उसे शरण दी। प्रेमा कुमारी और छछांग उसे खोजते हुए एक दिन बाद पहुँचे। उनके पास एक खाली पिटार था। प्रेमा कुमारी ने उस अधपगले आदमी को बताया कि जब मैं नहाकर कपड़े बदल रही थी तब मुझे ऐसा लगा कि तुम्हें फिट आ रहा है। मैं जब तक पहुँची तुम गायब थे। छछांग भी जंगल गया हुआ था। उसके लौटने तक मैं पिटार को छोड़कर आ नहीं सकती थी। तुम्हें खोजते हुए हम दोनों पता नहीं कहाँ-कहाँ भटके। फिर हम नम्यांग नो के मठ में पहुँचे कि तुम्हें हमारे साथ जाना तो वहीं था। वहाँ भी तुम नहीं मिले। रात हम उसी मठ में रुक गये और रात को पता नहीं किसने पिटार का खजाना लूट लिया?

फिर प्रेमा कुमारी मुझसे पूछने लगी कि क्या आप गूमालिंग का अता-पता जानते हैं? यह गूमालिंग का पिटार है, जिसे लौटाने और प्रायश्चित्त करने यह आदमी आया हुआ था। इस वाहियात सवाल को सुनकर मैं इस नतीजे पर पहुँचा कि वह आदमी ही नहीं, यह औरत भी पागल है। इसलिए मैंने उन लोगों को मठ से भगा दिया।

इन बयानों के बाद पिरूली कैंजा की कथा उतनी ही बेपेंदे की नजर आने लगी जितना कि उनका अपने साथ प्रमाणस्वरूप लाया गया वह बेपेंदे का पिटार। बल्कि सच तो यह है कि हमारी बिरादरी को कैंजा का यह पिटार और वह छछांग अपने साथ लेकर आना ही दाल में कुछ काला होने का सबसे बड़ा प्रमाण लगा। पिटार हमको यह याद दिलाता रहा कि इसमें खजाना भरा था। छछांग की पिरूली कैंजा के 'ऐसा ही हुआ था ना छछांग?' मार्का हर प्रश्न का उत्तर मुस्कराते हुए गर्दन ऊपर-नीची करने तक सीमित भूमिका हमें संकेत देती रही कि वह खरीदा हुआ गवाह है। उसकी गवाही का मूल्य तब और भी घट गया जब हिमाचल पुलिस दिल्ली आकर उसे किसी अन्य सिलसिले में गिरफ्तार करके ले गयी।

यों बिरादरी में जो लोग पिरूली कैंजा की कथा पर विश्वास करना चाहते थे, वे गृह मंत्रालय के अपने किसी अनाम सूत्र के हवाले से श्रोताओं को नजदीक बुलाकर उनके कान में यह कहते रहे कि छछांग की गिरफ्तारी का तो बस नाटक खेला गया। वस्तुस्थिति यह है कि छछांग भारत की सीमावर्ती खुफिया सेवा का डबल एजेण्ट है। उसे तिब्बत भिजवाना था इसलिए गिरफ्तारी का स्वाँग किया गया।

'क्या जो हुआ होगा' का सवाल उठा। पिरूली कैंजा बिरादरी के बहुत आग्रह करने के बावजूद दस दिन बाद दिल्ली से अपने आश्रम लौट गयीं। इस दौरान उनसे बार-बार और तरह-तरह से जिरह की गयी लेकिन उन्होंने अपनी कहानी में कहीं जरा भी संशोधन नहीं किया। उनके बिल्कुल टस-से-मस न होने के कारण बिरादरी के बुजुर्ग तक सत्यासत्य का सर्वमान्य निर्णय कर सकने में असमर्थ रहे। पिरूली कैंजा अपनी कहानी के बारे में बिरादरी की परेशानी से बेखबर रहीं। मगर उन्होंने सफाई देने में कोई

दिलचस्पी नहीं दिखायी। वह पुरुषों द्वारा स्त्री और प्रकृति के शोषण के विरुद्ध अनुसूचित जातियों और जनजातियों की महिलाओं को संगठित करके नाम कमाती रहीं। इसमें उन बिलैतियों ने भी बड़ी मदद की, जिनके आश्रम से वह जुड़ी थीं।

पिरूली कैंजा की कथा पर भरोसा न करने की दशा में हम लोग बिरादरी से बाहर वालों की परस्पर-विरुद्ध कथाओं पर भरोसा करने के लिए बाध्य हो रहे थे। बिरादरी के मामलों में बाहर वालों का कोई भी फैसला या फतवा मान लेना हमें और भी कम स्वीकार्य था। कैंजा के पक्षधर, ढुलमुल लोगों के इस ऊहापोह का पूरा लाभ उठाते रहे। उन्होंने कहा कि कैंजा की कहानी को न मानना बिरादरी की बदनामी करने वालों का साथ देना है। उन्होंने पूछा, "क्या आप लोग भी यह कहना चाहते हैं कि हमारी बिरादरी की संन्यास ले चुकी बुढ़िया औरतें तक चोरी और हत्या करती हैं? अगर आप समझते हैं कि पिरूली कैंजा ने पिटार के खजाने की खातिर हरिया की हत्या कर दी तो जरा यह बताइए कि वह खजाना आपको दिख रहा है कहीं उसके पास?"

कैंजा के विरोधी हत्या के अव्यक्त अभियोग को नकारने के लिए यह कहते रहे कि कौन कह रहा है कैंजा ने हत्या की? हम तो ये कह रहे हैं कि हरिया को जो भी बीमारी हो रही थी उसी से वह मर गया होगा। फिट आने से चट्टानों में टकरा सकता था। खड्ड में गिर सकता था। कैंजा ने लाश वहीं छोड़कर पिटार का माल हजम कर लिया होगा।

इस पर कैंजा के पक्षधरों ने टिप्पणी की, "वाह! तो हमारी बिरादरी में औरतें तक इतनी निर्दयी होती होंगी कि अपने रिश्तेदार को परदेस में मरता हुआ छोड़कर उसका माल लेकर भाग जाती होंगी! अरे, कैसी उलटी खोपड़ी वाले हो आप लोग? बिरादरी की बदनामी चाहते हो, नेकनामी नहीं? अगर बिरादरी कैंजा की बात मान लेगी तो उससे हम सबकी नाक ऊँची होगी कि देखो इनके तो मदुए तक सिद्ध-पुरुष निकलते हैं। यही बता रही हैं ना कि हमारा हरिया, जिसे लोग-बाग मदुआ कहने वाले ठहरे, हँसी में हरक्यूलीज पुकारने वाले ठहरे, उसे तिब्बत के पहुँचे हुए लामा ने पहुँचा हुआ पुण्य-प्रतापी

जोगी बताया, क्योंकि वह उन लोगों के जादू के आईने में सीधा घुस गया और सीधा मोक्ष को प्राप्त हुआ। अब तुम देख लेना कि बिरादरी का आम तौर से और राय सैप के परिवार का खास तौर से उद्धार होगा।

•

हरिया हरक्यूलीज के उस जादुई आईने के पार जाकर परमात्मा की परछाईं सरीखी उस परम स्त्री से एकाकार हो जाने के बाद राय सैप के परिवार में पहला चमत्कार यह हुआ कि हेमन्त, जो अपनी पिरूली आमा का सबसे बड़ा विरोधी था, उनसे एकांत में वार्ता करने के बाद उनका सबसे बड़ा भक्त बन गया। कैंजा के विरोधियों के सामने उसके दल-बदल से बड़ी गम्भीर समस्या प्रस्तुत हो गई। जब राय सैप और हरक्यूलीज का एकमात्र वारिस अपने बड़बाज्यू के पिटार और अपने कक्का की काया के खो दिये जाने पर पिरूली आमा पर किसी किस्म का कोई आरोप नहीं लगा रहा था तो बाकी लोगों को उन पर लांछन लगाने का कोई अधिकार कहाँ रह जाता था?

फिर भी हेमुली बोज्यू और गणेश दत्त शास्त्री जी ने खूब आरोप लगाये और कहा कि पिरूली जादूगरनी है। इसने अपने जादू से राय सैप को खत्म किया, उनके बेटे हरिया को खत्म किया और अब यह उनके पोते हेमन्त को खा जाने के लिए तैयार बैठी है।

हेमुली बोज्यू ने कहा कि इश डंकिणी[1] ने अपने मन शे राय शैप के जुलुम की एक कथा गढ़ रखी है। राय शैप के बेटे-पोते शे बदला लेने की नीयत शे ही ये महादुस्ट, बदमास औरत आस्त्रम शे यहाँ आयी ठहरी। हेमुली बोज्यू ने हेमन्त के कन्धे पर हाथ रखकर उसे कई बार समझाने की कोशिश की, लेकिन उसने हर बार उनका हाथ कन्धे से झटककर अलग कर दिया।

•

---

1. चुड़ैल

पिरूली कैंजा के आश्रम में लौट जाने से कोई तीन महीने बाद हेमन्त की कोई बम्पर लॉटरी निकली। पिरूली कैंजा की कथा को सच मानने वालों की संख्या हमारी बिरादरी में देखते ही देखते पहले से चौगुनी हो गयी। मुरलीधर ज्यू जैसे लोग, जो शुरू से कैंजा की बात को सच मानते आये थे, बोले कि हेमन्त की लॉटरी खुलने के बाद किसी तरह का कोई सन्देह करने की गुंजाइश रह नहीं गयी है। उस लामा ने बता रखा था ना कि हरिया के पुण्यों से परिवार का उद्धार होगा? तो यह लॉटरी खुल गयी ना? इन्हीं दिनों बिरादरी को अपने ही लोगों के सेक्रेटरी, मिनिस्टर और चीफ मिनिस्टर बनने के शुभ समाचार भी मिले थे। इन्हें भी मुरलीधर ज्यू ने हरिया के पुण्य-प्रताप के खाते में डाला। वह संशयात्माओं से पूछते कि ये सब हरिया के पुण्यों से नहीं हो रहा है तो क्या तुम लोगों की बिरादरी की नाक कटा देने वाली बातों से हो रहा है?

वह विभाजन का दौर था। संशयात्मा भी तीन गुटों में बँट गये थे। एक डॉक्टर नीलाम्बर और पत्रकार धारी का था, जो पिरूली कैंजा की कथा को तर्क और विज्ञान-सम्मत नहीं मानते थे। उनके लिए एक साध्वी, मक्कार, चोर, हत्यारिन सब कुछ हो सकती है, लेकिन कोई आईना, जादुई नहीं हो सकता था कि हरिया ने देखा और उस पार चला गया। कैंजा-समर्थकों की ओर से मुरलीधर ज्यू ने पत्रकार धारी से कहा कि तुमसे तो मैं बात ही नहीं करना चाहता क्योंकि तुम अखबार वालों के लिए तो एक तुम्हें छोड़कर बाकी सब पापी हैं, अत्याचारी और अज्ञानी हैं। फिर डॉक्टर नीलाम्बर को सम्बोधित करके वह बोले कि रही बात तुम साइन्स-हाइन्स वालों की, तो तुम्हारा तो ऐसा ठहरा कि ऋषि कणाद के अणु को भी तुम तब मानने वाले ठहरे जब बिलैत में बैठा कोई उल्लूपट्ठ दस्तखत कर दे कि अटैस्टेड टू।

दूसरा गुट, जिसका झण्डा हेमुली बोज्यू मरते दम तक उठाये रहीं, भले ही इस वजह से मुरलीधर ज्यू ने उनसे हमेशा के लिए नाता तोड़ लिया, हेमन्त की लॉटरी निकलने की कुछ अलग ही ढंग से व्याख्या करता रहा। उसने पिरूली कैंजा को एक बड़ी घिनौनी-सी प्रतिशोध गाथा की नायिका बताया

और कहा कि पिरूली अलच्छनी[1] ने राय सैप का पिटार लूटा, उनके एकमात्र बचे हुए बेटे को मारा या मरने के लिए छोड़ दिया, और उनके एकमात्र जीवित पोते हेमन्त को उसी जगह पर ला के बिठा दिया जिस पर कभी राय सैप ने पिरूली को बैठाया था।

इस गाथा का सूत्रपात तब हुआ जब हेमन्त अपनी लॉटरी निकलने के बाद दिल्ली छोड़कर पहाड़ पर बसने चला गया। और सो भी न अपने पुश्तैनी गाँव में और न अल्मोड़ा में अपने पुश्तैनी घर में। बिलैती लामाओं के जिस आश्रम में पिरूली कैंजा रहती थीं, उसी के पास उसने मकान किराये पर लिया और टैक्सियाँ चलाने का कारोबार शुरू किया। वह कैंजा का परम चेला-जैसा बन गया और उसने शराब पीना छोड़ दिया। उसका कैंजा के गुण गाना सचमुच ही अचरज की बात थी क्योंकि वह उन्हें बराबर गालियाँ देता रहा था।

मुरलीधर ज्यू वगैरह ने कहा कि हेमन्त का हृदय-परिवर्तन भी उसके हरिया कक्का के पुण्यों का परिणाम है। लॉटरी खुलने से वह समझ गया कि पिरूली कैंजा झूठ नहीं बोल रही थीं। आश्रम के पास जाकर वह इसलिए बसा है कि बिलैती लामा उसकी टैक्सियों के परमानेन्ट गाहक बनने को तैयार थे। और जब उसके मन में भक्ति-भाव जाग ही गया है तो तब आश्रम के पास क्यों न रहे?

उधर हेमुली बोज्यू और गणेश दत्त शास्त्री ने हेमन्त की आर्थिक और मानसिक स्थिति में आये परिवर्तन को प्रतिशोध गाथा की सच्चाई का प्रमाण ठहराया। उन्होंने कहा कि हरिया जैसे जुआरी, शराबी-कबाबी और मतलबी आदमी हृदय-परिवर्तन भी करते हैं तो किसी मतलब से ही। उन्होंने मुरलीधर ज्यू जैसे गैर-दुनियादार लोगों को यह याद दिलाया कि लॉटरी का इनामी टिकट नम्बर दो के पैसे को नम्बर एक करने का अस्सल और आसान तरीका है। हेमन्त भगत बन गया है और उसने शराब पीना छोड़ दिया है—ये आप लोग कैसे जानते हैं? पिरूली कैंजा और हेमन्त से सुनकर ही ना? शराब छिपकर भी पी जा सकने वाली ठहरी। पर्दे के पीछे और भी तमाम किस्म के काम हो ही सकने वाले ठहरे।

1. कुलक्षणी

संशयात्मा गुट के तीसरे धड़े ने, जिसकी नेता विदूषी राजनीतिक कार्यकर्त्री डॉक्टर कौमुदी त्रिपाठी थी, ऐसा तेवर अपनाया कि प्रकारान्तर से उसका मत भी कैंजा के पक्ष में ही चला गया। अपने चपरासी मामा के घर में पली-बढ़ी अनाथ गरीब कौमुदी विश्वविद्यालय में प्रथमो में प्रथम आने के कारण बिरादरी में अपनी मेधा का सिक्का जमा चुकी थी। हरिया हरक्यूलीज के दर्पणवास के तुरन्त बाद उसका प्राध्यापिका का पद और पी-एच० डी० की उपाधि पा जाना कैंजा के समर्थकों के लिए बिरादरी पर गूमालिंग की कृपा-दृष्टि का एक और प्रमाण बना था।

कौमुदी ने गूमालिंग प्रसंग पर अपना नपा-तुला निर्णय देते हुए कहा कि मैं इससे इन्कार नहीं करती कि पिरूली कैंजा की सुनाई कहानी में अन्धविश्वास और पारलौकिक का तत्त्व ज़रूरत से ज्यादा है। उनकी कहानी को झूठ मानने में मुझे कोई संकोच नहीं है। लेकिन हेमुली बोज्यू और गणेश दत्त जी जो झूठ बोल रहे हैं, वह तो और भी ज्यादा बड़ा और घिनौना है। पिरूली कैंजा और हेमुली बोज्यू को व्यक्ति और समाज की क्रमशः ऊर्ध्वगामी और अधोगामी प्रवृत्तियों का प्रतीक मानते हुए मैं कहती हूँ कि पिरूली कैंजाओं के झूठ, हेमुली बोज्युओं के सच तक से बेहतर है, झूठ की तो बात क्या!

कौमुदी प्राध्यापिका होने के साथ-साथ कामरेड भी थी। इसलिए अब बिरादरी के सजग युवा-युवतियों के सामने डॉक्टर नीलाम्बर की तरह विज्ञानसम्मत होने और डॉक्टर कौमुदी की तरह राजनीतिसम्मत होने की दुविधा खड़ी हो गयी। कौमुदी हेमुली बोज्यू और गणेश दत्त शास्त्री को समूची स्त्री जाति के प्रति अपमानजनक दृष्टि रखने वाले रूढ़िवादियों में शामिल करने लगी। इसके जवाब में उन दोनों ने पिरूली कैंजा के साथ-साथ कुँआरी कौमुदी की भी बदनामी शुरू कर दी।

उन्होंने कहा कि कौमुदी हेमन्त से फँसी हुई है। भले ही बहाना राजनीतिक चेतना फैलाने का होता है, वह पिरूली कैंजा के आश्रम में हेमन्त के साथ रंगरेलियाँ करने ही जाती है। जब इस तरह उन्होंने बिरादरी की एक साध्वी विधवा और एक सुशीला विदुषी दोनों को एक भूतपूर्व शराबी के साथ घिनौने तिकोने में जोड़ दिया तब मुरलीधर ज्यू वगैरह ने उन पर बहुत

थू-थू की।

इससे आहत होकर गणेश दत्त जी छुट्टी लेकर पहाड़ चले गये। वह वहाँ से अपने साथ पिरूली कैंजा के आश्रम के आसपास के गाँव के तीन मर्दों और एक औरत का प्रतिनिधि मंडल लेकर लौटे, जिसने बिरादरी को बाकायदा यह वक्तव्य दिया कि पिरूली कैंजा का आश्रम व्यभिचार का गढ़ है। उन्होंने न सिर्फ पिरूली कैंजा और हेमन्त के सम्बन्ध को घिनौना बताया बल्कि यह भी कहा कि पिरूली कैंजा देहात की औरतों को गुमराह करके विलायती साधुओं के पास पहुँचा रही हैं।

इसके जवाब में कौमुदी ने न केवल गणेश दत्त जी पर मानहानि का मुकदमा ठोक दिया बल्कि उनके घर के आगे हाय-हाय के नारे भी लगवा दिये। कौमुदी ने पिरूली कैंजा के आश्रम के बारे में वामपंथी अंग्रेजी समाचार-पत्र में लेख लिखे और यह सिद्ध किया कि महिलाओं की इस मुहिम का विरोध उस क्षेत्र के सामन्ती पुरुषों का सत्ता-प्रतिष्ठान ही कर रहा है।

•

पिरूली कैंजा के पक्षधर और विरोधी दोनों ही हरिया हरक्यूलीज की हैरानी की कथा के अपने-अपने संस्करण माँजते चले गए। मुरलीधर ज्यू वगैरह ने जो संस्करण प्रचलित किया, उसमें से वीभत्स का तत्त्व धीरे-धीरे गायब ही हो गया। अतुल के आस्ट्रेलिया के नक्शे में गूमालिंग बरकरार रहा लेकिन हरिया हरक्यूलीज गू अथवा लिंग का नहीं, बल्कि अपने ही जैसे दूसरे का चिन्तन करते हुए पगलाया, बल्कि कहना चाहिए, प्रबुद्ध अवस्था को प्राप्त हुआ। इस संस्करण में राय सैप द्वारा पिरूली कैंजा के शोषण की बात बढ़ा-चढ़ाकर की गयी, लेकिन अश्लील चित्र गायब ही कर दिये गये। हद यह कि इस संस्करण में कौमुदी ने यह भी जुड़वा दिया कि जिस देवता का नाम लिया नहीं जाता, वह आदिम साम्यवाद पर चलने वाले एक ऐसे कबीले का आराध्य है, जो सत्ता-विरोधी है, प्रकृति-संरक्षक है और आद्या-प्रकृति के

रूप में स्त्री को पूज्या समझता है। हैरानी की बात यह थी कि कहानी का यह संस्करण मुरलीधर ज्यू-जैसे पुरातनपंथियों और कौमुदी-जैसे नव वामपंथियों को समान रूप से स्वीकार्य हुआ।

उधर गणेश दत्त जी वगैरह ने जो संस्करण प्रस्तुत किया उसमें वीभत्स का तत्त्व बढ़ता ही चला गया। यौन और हिंसा की भी भरमार होती चली गयी। होते-होते इस संस्करण में हरिया हरक्यूलीज की कहानी ऐसी बन गयी कि किसी निरापद एकांत में किसी मित्र के कान में भी बहुत संकोच से सुनाई जा सके। इसमें पिरूली कैंजा को राय सैप गिरवाण दत्त तिवारी के परिवार के सर्वनाश का कारण बनने वाली एक पैशाचिक शक्तियों से सम्पन्न स्त्री बताया गया। राय सैप के जवानी में रंगीन तबीयत होने की और बिलैती सैपों की सोहबत में बिगड़ जाने की बात निस्संकोच स्वीकार करते हुए इस कथानक में हरमौर में हुए भोग-विलास के वीभत्स और विस्तृत प्रसंग शामिल किये गये। लेकिन रेखांकित इस बात को किया गया कि अगर रायसैप पिरूली कैंजा के पिशाच-पाश में न बँध जाते तो उनके हरमौर प्रवास की कहानी असामान्य किन्तु फिर भी मानवीय भोग-विलास की कहानी ही बनकर रह जाती। उसमें वे पाप न घुल-मिल जाते, जो श्रापों के जन्मदाता होते हैं।

कथा के इस संस्करण के अनुसार गूमालिंग का घटाटोप भी मुख्य रूप से पिरूली कैंजा का रचा हुआ था। यह ठीक है कि अतुल ने हरिया हरक्यूलीज को नक्शे में इस नाम की कोई जगह दिखायी थी, लेकिन बाकी की सारी बकवास पिरूली कैंजा ने ही हरिया हरक्यूलीज के दिमाग में ठूँसी। राय सैप की मृत्यु के बाद हरिया का दिमाग कुछ तो इसलिए खराब हुआ कि उसने अपने पिता के सम्भोग-रत चित्र देख लिए और कुछ इसलिए कि पिरूली कैंजा ने तंत्र-मंत्र की आड़ में तथा गू और लिंग का दर्शन समझाने के बहाने उसे विषय-वासना में दीक्षित कर दिया, जिससे तब तक अबोध ब्रह्मचारी रहे हरिया के दिमाग को जबरदस्त झटका लगा।

यहाँ उल्लेखनीय है कि डॉक्टर नीलाम्बर जैसे वैज्ञानिक दृष्टि वाले लोग, जिनका तर्क-विश्वास उन्हें तर्कातीत हैरानियों से सहज ही विमुख करता था, पिरूली कैंजा-विरोधी कथानक के विकास में योगदान करने के लिए कभी आगे नहीं बढ़े। यह काम उन्होंने गणेश दत्त जी-जैसे पोंगा पंडितों और

हेमुली बोज्यू-जैसी मूढ़ाओं पर छोड़ दिया। देवताओं और पिशाच दोनों में विश्वास न करने के बावजूद डॉक्टर नीलाम्बर वगैरह ने गणेश दत्त जी और हेमुली बोज्यू द्वारा प्रस्तुत पिशाचमुखी कथानक का ही अनुमोदन किया। इस पर डॉक्टर कौमुदी ने ऐसी वैज्ञानिकता पर लानत भेजी जो गू से गूमालिंग देवता तक पहुँचाने वाली कथा के मुकाबले में वह कथा पसन्द करती है, जिसने देवता और मनुष्य दोनों को ही गू बना दिया हो।

हमारी बिरादरी के लेखक भी पिरूली कैंजा के विरोधियों की कथा से ज्यादा प्रभावित हुए। यह सुनने में आया कि उनमें से एक, जो संस्कृतनिष्ठ भाषा और बंगला कथाकारों की शैली में बिरादरी की कहानियाँ असंस्कृत रूप में प्रस्तुत करता रहा था, किसी पत्रिका के दीवाली विशेषांक के लिए हरिया हरक्यूलीज का श्राद्ध करने बैठ गया है। यह लेखक कुछ भी न छिपाने के लिए, उलटे अपने मन से भी बहुत कुछ जोड़कर छपा देने के लिए बदनाम था। तो मुरलीधर ज्यू ने सभी पक्षों के प्रतिनिधियों को और लेखक विशेष समेत सभी कथाकारों को अपने यहाँ चाय और आलू के गुटकों का सेवन करने के लिए आमंत्रित किया और हरिया हरक्यूलीज की हैरानी को लेकर बढ़ते जा रहे अप्रीतिकर विवाद को समाप्त करने की भाव-विह्वल अपील की।

भरी सभा में उन्होंने मिमियाते स्वर में कहा, "मरने दो हेमन्त को और गोली मारो पिरूली कैंजा को, लेकिन जरा हरिया कक्का के बारे में भी तो सोचो भाई। तुम उन्हें हँसी में हरक्यूलीज कहने वाले ठहरे लेकिन जैसा तप, जैसा प्रायश्चित्त हरिया कक्का ने किया, किसी और ने कर रखा है बिरादरी में? गांधी ज्यू अपना पाखाना साफ करके महात्मा हो गये लेकिन कक्का तुम्हारे बीमारों का टट्टी-पेशाब-कफ साफ करके भी तुम्हारी नजरों में गू ही ठहरते रहने वाले हैं क्या? तुम आप तो माँचो सौंजने तक के लिए हाथ इस्तेमाल नहीं कर सकने वाले ठहरे, क्या कहते हैं, टिश्यू पेपर चाहिए ठहरा तुम्हें, और उस आदमी का तपोबल तुम्हारे पल्ले नहीं पड़ सकने वाला ठहरा, जिसने अपने बाबू का ही नहीं, तुममें से भी कितनों के ही रिश्तेदारों का अटका हुआ गू अपने हाथ से निकाल दिया।

"अरे, तपोबल था तभी वह आईनों का आईना उसे देखने को मिला, जिसकी तुम-जैसे बिलैती आईने में देखकर बिलैती सिंगार करने वाले लोग

कल्पना भी नहीं कर सकते। तुम और जो भी कहते हो करो, मगर मैं तुम्हारे हाथ जोड़ता हूँ कि उस हरिया की मौत को घटिया मौत मत बनाओ, जो हमारी बिरादरी की न मालूम कितनी मौतों का चश्मदीद गवाह था और जो मुर्दा नहलाने से लेकर फूँकने तक का सारा काम उस समय चुपचाप करता जाता था, जिस समय हम रोने का रिवाज निबाहने का सुख लूट रहे होते थे!"

इतना कहने के बाद मुरलीधर ज्यू रो पड़े। उनके साथ-साथ बिरादरी के और कई लोगों ने भी रोने का सुख लूटा। डॉक्टर नीलाम्बर जैसे जिन शंकालुओं की आँखें छलछलायीं नहीं, उन्हें जबरदस्त धर्मसंकट झेलना पड़ा। उसे छिपाने के लिए उन्होंने आँखें हथेलियों से ढकते हुए गर्दनें झुका लीं। लेखक विशेष ने और अन्य आशंकित लेखकों ने मुरलीधर ज्यू को आश्वासन दिया कि आधुनिक कथाकार होने के नाते हैरानी जैसे विषय हमारे लिए बेमानी हैं, इसलिए हम हरिया हरक्यूलीज पर कोई कहानी न लिख रहे हैं और न लिखेंगे। शायद आधुनिकता की उनकी परिभाषा ठीक ही रही होगी क्योंकि नयी पीढ़ी के लोगों ने हरिया हरक्यूलीज की हैरानी पर हैरान होना बहुत जल्दी छोड़ दिया।

•

तो भी हम पुराने ढर्रे के लोग रात के भोजन के बाद जब टी० वी० देखने की बजाय पनवाड़ी के यहाँ तक टहलने निकलते और जब पान खाते हुए आईने में अपने को देखते तब स्वभावतः उस आईने के बारे में सोचने और बात करने लगते जो शायद था, या शायद नहीं था। हम एक-दूसरे से पूछते, एक-दूसरे को बताते कि हरिया के दिल्ली से जाने के बाद असल में क्या हुआ होगा? हम अपने-अपने ढंग से अटकलबाजी ही नहीं, थोड़ा-बहुत शोध भी करते रहते। इस तरह हरिया हरक्यूलीज की हैरानी पर हैरान होते हुए हम उसकी कहानी में नित नये पेच पाते रहे, नये नुक्ते उठाते रहे।

उदाहरण के लिए कोई दो साल बाद पत्रकार धारी किसी मेम्बर के साथ प्रेस-क्लब गया और वहाँ किसी अन्य मेम्बर के साथ आये हुए

कलकत्ता के एक अवकाश-प्राप्त पत्रकार कैन रॉबर्ट्स से उसने हरिया को जॉन मूर लिखित गूमालिंग-विवरण देने वाले हैरी स्मिथ की चर्चा चलायी। कैन ने उसे बताया कि हैरी स्मिथ एक पियक्कड़ पत्रकार है। उसने सन् 47 में स्टेट्समैन से अस्वीकृत होकर आई हमारे एक अन्य दोस्त जैरी टामस की कहानी ही आपके रिश्तेदार को थमा दी थी। मूल कहानी में रहस्यमय स्थल का नाम मेकांग ला था, जिसे उसने बदलकर गूमालिंग कर दिया। आपके रिश्तेदार के दिये हुए पैसों से वह जो बोतल लाया था, उसके अन्तिम संस्कार में मैं भी भागीदार बना था।

हैरी स्मिथ की मक्कारी साबित होने से एक तरह से पिरूली कैंजा मक्कार साबित हो रही थीं क्योंकि उनकी सारी कहानी गूमालिंग के झूठ को पुष्ट करने वाली थी। लेकिन हैरी स्मिथ का भंडाफोड़ होने के एक वर्ष बाद डॉक्टर कौमुदी चीन-यात्रा पर गयी और वहाँ से लौटने पर उसने बिरादरी की सेवा में वहाँ की किसी साप्ताहिक पत्रिका में छपे एक लेख की कतरन पेश की। हम लोगों के लिए तो चीनी का हर काला अक्षर भैंस बराबर है, लेकिन चीनी भाषा और राजनीति की प्राध्यापिका कौमुदी ने बताया कि इसमें लिखा है कि लालसेना के एक गश्ती दस्ते को तिब्बत के दुर्गम और निर्जन क्षेत्र गोमालिंग में एक ऐसा नरकंकाल पड़ा हुआ मिला, जिसके हाथ में एक बड़ा-सा आईना था।

डॉक्टर कौमुदी ने नक्शे की सहायता से यह भी प्रमाणित किया कि इस विवरण में तिब्बत के जिस लियो पोर्ग्यूल पर्वत क्षेत्र का ज़िक्र आया है वह शिप्की ला दर्रे के उस पार पर स्थित है। अर्थात् आईने वाला नर-कंकाल उसी क्षेत्र में मिला है, जिसमें पिरूली कैंजा के अनुसार वह लामा हरिया मम्मा को ले गया था।

जब हम सोचने ही बैठ गये तब हमें हरिया हरक्यूलीज की दिल्ली से रवाना होने से पहले की कहानी में भी 'क्या जो हुआ होगा?' सोचने की बहुत गुंजाइश नजर आने लगी। उदाहरण के लिए यह कि हेमुली बोज्यू हरिया को पिरूली कैंजा के पास ले जाने को क्यों तैयार हो गयीं? अगर हरिया की इस बात को भी मान लिया जाय कि हेमुली बोज्यू ने पिरूली कैंजा के सामने हरिया को बेवकूफ बनाकर पिटार लूट लेने और माल आधा-आधा

बाँट लेने का प्रस्ताव रखा था तो क्या उसके साथ यह मानना भी जरूरी नहीं हो जायेगा कि हेमुली बोज्यू की पिरूली कैंजा से घनिष्ठता थी? आखिर किसी अजनबी के सामने तो ऐसा प्रस्ताव रखा नहीं जा सकता भाई।

अगर घनिष्ठता थी और इतनी बेतकल्लुफी थी कि इस तरह का प्रस्ताव रखा जा सके तो क्या हेमुली बोज्यू और पिरूली कैंजा दोनों को दुष्टा माना जाये? जब हेमुली बोज्यू एक बार रायसैप के राज में हरमौर-प्रवास करने गयी थीं क्या तब पिरूली कैंजा वहाँ थी? और क्या तभी से दोस्ती थी उन दोनों में? इस सवाल का जवाब दामोदर मामा ही दे सकते थे, लेकिन वह हेमुली या पिरूली में से किसी का भी नाम सुनने तक को तैयार नहीं थे।

यों मुरलीधर ज्यू का यह अनुमान था कि हेमुली काखी की पिरूली आमा से पहचान हरमौर में ही हुई होंगी क्योंकि और तो कहीं दोनों के पहले मिल सकने का सवाल ही नहीं उठता। पिरूली कैंजा के पक्षधर होने के नाते मुरलीधर ज्यू यह मानने को तैयार नहीं थे कि दोनों ही स्त्रियाँ दुष्टा थीं। दुष्टा, उनके अनुसार, हेमुली काखी ही थीं। पिरूली आमा तो तब भी दुष्टा नहीं थीं जब हरमौर में उन्हें बिगाड़ने की कोशिश की जा रही थी। काखी ने सोचा होगा कि पिरूली आमा हरमौर में पूरी तरह बिगाड़ दी गयी होंगी। और वहाँ आश्रम में भिक्षुणी होने का ढोंग करते हुए बिलैती लामाओं के साथ भोग-विलास कर रही होंगी। इसीलिए वह पिटार का माल बाँट लेने की बात करने उसके पास गयीं। लेकिन जब वह नहीं मानीं, तब हेमुली काखी ने उन्हें बदनाम करना शुरू कर दिया।

इसी तरह हम लोगों में यह भी विस्मय और विवाद का विषय रहा कि सुलतान अहमद की अम्मी बन्नो ने हरिया हरक्यूलीज से गूमालिंग का कोई ज़िकर किया था कि नहीं? कुछ स्त्रियाँ उनसे इस बारे में पूछ-ताछ करने गयीं भी। लेकिन उनमें से कुछ जहाँ यह सूचना लेकर आयीं कि बुढ़िया गूमालिंग का नाम सुनते ही जोर-जोर से हँसने लगी और हमसे कहने लगी कि नासपीटियो, तुम्हें गू के सिवा कुछ नहीं सूझता क्या? तो कुछ ने लौटकर यह बताया कि गूमालिंग की बात सुन बुढ़िया घबरा-जैसी गयी और बोली कि उस खतरनाक देवता का तो नाम भी मत लो। ये परस्पर-विरुद्ध सूचनाएँ हमें काफी हैरान कर गयीं। हमारे लिए यह तय करना भी कठिन हुआ कि इन्हें

सम्बद्ध स्त्रियों की पक्षधरता से उपजा हुआ मानें या बन्नो की विस्मृति से? और क्या दोनों ही बयानों को विस्मृति से उपजा मानें या कि केवल एक को? एक को मानें तो किसे? जब तक हम वह तय करते कि सभी पक्षों के नुमाइन्दों का एक प्रतिनिधि-मंडल जैसा लेकर बन्नो के पास जायें और उससे गूमालिंग के बारे में बातचीत करें, तब तक बन्नो विस्मृत से मृत-श्रेणी को प्राप्त हो गयी। बहरहाल हमने इस पर ज्यादा पश्चात्ताप नहीं किया, क्योंकि हम जानते थे कि विस्मृत बन्नो का बयान सर्वमान्य नहीं हो सकता।

हम जितना ही अनुमान-अनुसंधान करते चले गये, हमारे पास उतने ही तथ्य और कथ्य जमा होते चले गए। लेकिन उनके विषय में सत्यासत्य का निर्णय करना कठिनतर होता चला गया। क्या वे सच-जैसे लगने वाले झूठ थे? या कि झूठ-जैसे लगने वाले सच थे? या कि वे कुछ सच और कुछ झूठ थे? क्या जो पक्षधर नहीं हैं, उनके लिए कुछ भी सच नहीं है? या कि उनके लिए कुछ भी झूठ नहीं है? अगर निष्पक्षता का मतलब अनिर्णय है, तो क्या हम हरिया हरक्यूलीज की हैरानी की कहानी पर बस इसी तरह हैरान ही होते रह सकते हैं? रात को नुक्कड़ के पनवाड़ी की दुकान पर पक्षधरों के झूठ टकराते रहे और उनमें से किसी एक को हमेशा-हमेशा के लिए सच मान लेना बिरादरी में लोकतन्त्र के जोर पकड़ लेने के कारण असम्भवप्राय हो गया।

एक दिन मुरलीधर ज्यू ने अपने मिमियाते स्वर में ओजस्विता और भाव-विह्वलता ढालते हुए पनवाड़ी की दुकान से लौटते समय हम लोगों से कहा, "अरे तुम लोगों की ये सच-झूठ की बहस तो इस जनम में खत्म होती नजर आती नहीं मुझे। लेकिन फर्ज करो कि सच-झूठ का फैसला मुश्किल हो और सभी पक्ष तुम्हारे हिसाब से झूठ ही बोल रहे हों तो तमाम झूठों में से वही चुनना ठीक ठहराना जो बिरादरी को अच्छाई की ओर ले जाता हो? तो अब बोलो, किस झूठ को चुनते हो?"

इस हिसाब से तो शायद हमें मुरलीधर ज्यू के पक्ष द्वारा प्रचारित उस झूठ को ही हमेशा-हमेशा के लिए सच मान लेना चाहिए था, जिसके अनुसार हरिया पिता की आँत में अटके मल से चलता-चलता, हिमाच्छादित पर्वत चढ़ता-चढ़ता, धवल-निस्तब्धता के बीच शून्य की आँख-सी खुली झील के

निकट, निर्मल मन के प्रताप से निष्कलंक दर्पण के उस पार चला गया और अपने पिता के पापों का प्रायश्चित्त करके बिरादरी का उद्धार करा गया। लेकिन हमारे लोकतन्त्र को भलाई की भी ऐसी तानाशाही स्वीकार नहीं थी। उधर उसके लिए हरिया हरक्यूलीज समेत हर व्यक्ति को छोटा दिखाने वाला और इस प्रकार बिरादरी का पद घटाने वाला वह झूठ भी अग्रहाय था, जो दूसरा पक्ष तार्किक सत्य के नाम पर प्रचारित कर रहा था।

कालचक्र घूमा। बुजुर्ग पीढ़ी गुजरने लगी और हमारी पीढ़ी को भी अपनी काया की नश्वरता का बोध होने लगा। दिल्ली फैलती गयी और हमारी बिरादरी बिखरती चली गयी। नित नये विहार और नगर बनने लगे और हमारी बिरादरी के लोग जो कभी डी.आई.ज़ैड. एरिया तक सीमित थे, अब एक-दूसरे से बीस-बीस, पच्चीस-पच्चीस किलोमीटर की दूरी पर रहने लगे। अगर हरिया हरक्यूलीज किसी चमत्कार से आईने के उस पार से लौट सकता तो सुरसा की तरह फैली इस दिल्ली में उसके लिए साइकिल पर सवार होकर 'सोशल विजिट का राउंड' लगा पाना असम्भव होता। इस दिल्ली में नुक्कड़ के पनवाड़ी की जगह ब्यूटी पार्लर वाले ने ले ली थी, जिसमें हमारी बिरादरी वाले भी अपनी बेटियों को कम से कम ब्राइडल मेकअप के लिए तो भेजने ही लगे थे। इस दिल्ली में टी.वी. ने दुनिया-जहान की हैरानी-परेशानी इतने बड़े पैमाने पर और इतने आये-गये ढंग से घर-घर पहुँचानी शुरू कर दी थी कि हरिया हरक्यूलीज की हैरानी का बिरादरी के लिए कोई आकर्षण नहीं रह गया था।

इस दिल्ली में ऐसे लोगों की संख्या घटती ही चली गयी जिनके पास अपने बिरादर हरिया हरक्यूलीज की हैरानी को 'क्या जो हुआ होगा?' का सवाल उठाकर सँवारने-तराशने का समय या रुझान था। दुर्भाग्य से ऐसे बचे-खुचे लोग भी एक-दूसरे से इतनी ज्यादा दूरी पर रहने लगे कि जन्यो-पुन्यु और होली जैसे पर्वों तक में उनके सामूहिक मिलन की परम्परा समाप्त हो गयी। 'क्या जो हुआ होगा?' का सवाल मिल-बैठकर उठाने का अवसर उन्हें बिरादरी में किसी शादी या मौत पर ही उपलब्ध होने लगा। हम बिरादरी की नयी बुज़ुर्ग पीढ़ी के प्रतिनिधियों के रूप में ऐसे मौके पर यह

सोच-सोचकर भी हैरान होने लगे कि क्या हरिया हरक्यूलीज की हैरानी की कहानी हमारे उठ जाने के बाद बिरादरी में कभी भी कहीं भी सुनी-सुनाई नहीं जायेगी ?

यह बात हमने अभी उस दिन बहुत शिद्दत से महसूस की, जिस दिन डॉक्टर नीलाम्बर, स्वर्गीय गणेशदत्त शास्त्री के सुपुत्र मुकुल चन्द्र के विवाह के बाद आयोजित प्रीतिभोज में दिल का दौरा पड़ने से खड़ा-खड़ी चला गया। और सो भी तब जबकि वह हम लोगों से अपने हरिया दाज्यू की ही चर्चा कर रहा था कि कैसे ठीक उनका ही जैसा एक और केस अस्पताल में आया पिछले दिनों और उसका हम डॉक्टर सफलतापूर्वक उपचार कर सके। अगर हरिया दाज्यू मेरा कहना मानकर अस्पताल में भर्ती हो जाते तो आज यहाँ हम लोगों के बीच होते।

डॉक्टर नीलाम्बर के बारहवें पर किसी ने प्रस्ताव किया कि हरिया हरक्यूलीज की हैरानी की कहानी सनद के तौर पर अब उतनी ही और उसी तरह लिख दी जाये जितनी और जिस तरह हम आपस में सुनते-सुनाते रहे हैं। उस समय तो हम इस प्रस्ताव के बारे में बहुत उत्साहित हुए थे लेकिन बाद में अपने-अपने घर लौटकर हममें से हरेक इस नतीजे पर पहुँचा कि जिस कहानी के बारे में हम में कभी मतैक्य नहीं रहा और जिसके बारे में हमसे हरेक का मत समय-समय पर बदलता रहा है उसे हम लिख कैसे पायेंगे ? लम्बे-लम्बे अन्तरालों के बाद सम्भव हुई अपनी आपसी मुलाकातों में माथापच्ची करके हमने यह फैसला किया कि यह काम किसी एक व्यक्ति को सौंप दिया जाये और वह अपने वर्तमान मतानुसार हरिया हरक्यूलीज की हैरानी की कथा लिख दे। छोटा-मोटा पत्रकार होने के नाते मेरे समवयस्कों ने इस भूमिका के लिए मुझे उपयुक्त ठहराया।

मैंने कहानी लिखने का काम शुरू किया और पाया कि हैरानी की कहानी लिखना स्वयं हैरान-परेशान हो जाना है। कुछ तो इसलिए कि हैरानी शब्दातीत होती है और कुछ इसलिए स्वयं शब्द हैरान करने वाले होते हैं। लिख दिये जाने से भी हरिया हरक्यूलीज की हैरानी की कहानी को न कोई अन्तिम रूप दिया जा सकता है और न कोई सुनिश्चित कार्य। हर कहानी हैरानी से ही पैदा होती है और हर कहानी पर उस हैरानी को रोजमर्रा के

मुहावरे में समझाने की जिम्मेदारी रहती है। लेकिन रोजमर्रा के मुहावरे में अब हैरानी के लिए गुंजाइश ही कहाँ है?

हरिया हरक्यूलीज की कहानी न लिखे जा सकने पर हम लोग अफसोस मना रहे थे कि स्वर्गीय धरणी धर (धारी) पाण्डे के बेटे अतुल कुमार पाण्डे ने, जिसके एटलस में आस्ट्रेलिया के नक्शे में गूमालिंग लिखा देखकर हरिया हरक्यूलीज की हैरानी शुरू हुई थी, हमसे कुछ ऐसा कहा कि हम एक साथ आश्वस्त और हैरान हुए।

अतुल आई.आई.टी. (दिल्ली) और कार्नेगी मैलन (पिट्सबर्ग) से कम्प्यूटर विज्ञान पढ़ने के बाद अब मिशिगन विश्वविद्यालय (एन आर्बर) के बोध-विज्ञान विभाग में काम करता है। उसने हमसे कहा कि आप लिखें चाहे न लिखें, जीयें चाहे मर जायें, हरिया हरक्यूलीज की हैरानी की कहानी तब तक रहेगी जब तक हमारी बिरादरी रहेगी क्योंकि हैरानी के बिना कहानी नहीं होती है और कहानी के बिना बिरादरी नहीं होती है। अतुल की गणना हमारी बिरादरी के अन्यतम विद्वानों में होती है इसलिए हमने उससे अनुरोध किया कि वही बताये कि क्या जो हुआ होगा?

अतुल ने इस सवाल के जवाब में खुद हमसे एक ऐसा सवाल किया जिसने हरिया हरक्यूलीज की हैरानी की कहानी में एक जबरदस्त नया पेच डाल दिया।

अतुल ने पूछा, "कहीं ऐसा तो नहीं कि बात तो बस इतनी ही थी कि मेरे एटलस में आस्ट्रेलिया के नक्शे में गूमालिंग नामक जगह थी, राय सैप का मल आँत में और मन पलंग के नीचे रखे एक पिटार में अटका रहा करता था और हरिया कक्का के पास एक हरक्यूलीज साइकिल हुआ करती थी जिस पर चढ़कर वह हमसे मिलने आया करते थे, लेकिन अब जब वह हमारी आँखों के आईने के उस पार चले गये हैं, तब गू और लिंग तथा गूमालिंग के बीच मँडलाती उन तमाम कहानियों में खोने लगे हैं, जिन्हें हमारी बिरादरी अधभूलते हुए भी, अधयाद रखने के लिए अभिशप्त की गयी है, उस देवता द्वारा जिसका नाम लिया नहीं जाता और थान मिलता नहीं।

□□